Schreiben wie ein Profi

Artikel, Berichte, Briefe, Pressemeldu
Protokolle, Referate und andere Texte

Norbert Franck

Schreiben wie ein Profi

Artikel, Berichte, Briefe, Pressemeldungen, Protokolle, Referate und andere Texte

3., überarbeitete und erweiterte Auflage

Bund-Verlag

Die Deutsche Bibliothek – CIP-Einheitsaufnahme

Franck, Norbert:
Schreiben wie ein Profi : Artikel, Berichte, Briefe, Pressemeldungen, Protokolle, Referate und andere Texte / Norbert Franck. – 3., überarb. und erw. Aufl. – Frankfurt/Main: Bund-Verl., 2000
ISBN 3-7663-3239-2

3., überarbeitete und erweiterte Auflage 2000

Herstellung: Christel Lampe, Frankfurt am Main
Satz: Libro, Kriftel
Druck: Freiburger Graphische Betriebe, Freiburg
Printed in Germany 2000
ISBN 3-7663-3239-2

Für Christiane

Inhaltsverzeichnis

Literaturhinweise 9

I. **Einleitung** 11
1. Über den Autor 11
2. Über die Leserin, den Leser 13
3. Über den Inhalt und Aufbau des Buches 14

II. **Treffende und anschauliche Wörter** 17
1. Verben, Verben, nochmals Verben 17
2. Adjektive: Der Test, bei dem viele durchfallen . . . 25
3. Fremdwörter, Modewörter und Silbenschleppzüge 33
4. Vorsicht: Bilder! Achtung: Synonyme! 40
5. Musterlösungen 47

III. **Lesefreundliche Sätze** 53
1. Kurze oder lange Sätze? 53
2. Schachtelsätze vermeiden 58
3. Aktiv und positiv schreiben 70
4. Einfach und verständlich schreiben: Umgangssprache und Grammatik – und ein bisschen Polemik 74
5. Musterlösungen 81

IV. **Klar, kurz, interessant: Texte für die Öffentlichkeit** . . 87
1. Das Wichtigste zuerst: Meldung, Bericht, Pressemitteilung 87
2. Vom Ziel her denken: Kommentar und Leserbrief. 108
3. Top oder Flop: Überschrift und äußere Form 113
4. Musterlösungen 119

V. Fakten, Fakten, Fakten: Protokoll und Bericht 123
1. Weniger ist mehr: Das Protokoll 123
2. Auf das Wesentliche kommt es an: Der Bericht . . . 134
3. Musterlösungen 140

VI. Freundlicher Ton, lebendige Sprache: Briefe 147
1. Von *anbei* bis *zwecks*: Briefbausteine 149
2. Anrede, Betreff & Co: Leben in Briefe lassen 157
3. Dem Inhalt eine Form geben: Briefgestaltung 161
4. Keine Faxen machen und E-Mailitis vermeiden . . . 164
5. Musterlösungen 166

VII. Fundiert und verständlich: Hausarbeit und Thesenpapier 171
1. Die Hausarbeit 174
2. Das Thesenpapier 193
3. Musterlösungen 198

VIII. Auf einen Blick: Zusammenfassungen und Buch-Tipps 201
1. Zusammenfassungen 201
2. Buch-Tipps 203

Stichwortverzeichnis 205

Literaturhinweise

Bangen, Georg: Die schriftliche Form germanistischer Arbeiten. Empfehlungen für die Anlage und die äußere Gestaltung wissenschaftlicher Manuskripte unter besonderer Berücksichtigung der Titelangaben von Schrifttum. 9. Aufl. Stuttgart 1990

Beck, Ulrich: Risikogesellschaft. Auf dem Weg in eine andere Moderne. Frankfurt/Main 1986

Becker, Howard S.: Die Kunst des professionellen Schreibens. Ein Leitfaden für die Geistes- und Sozialwissenschaften. Frankfurt/Main, New York 1994

Beitz, Holger: Briefe zu Geburt und Taufe. Glückwünsche und Danksagungen. Niedernhausen/Ts. 1986

Bénabou, Marcel: Warum ich keines meiner Bücher geschrieben habe. Frankfurt/Main 1990

Bourdieu, Pierre: Die feinen Unterschiede. Kritik der gesellschaftlichen Urteilskraft. Frankfurt/Main 1982

Briese-Neumann, Gisa: Wer führt Protokoll? München 1994

Chahoud, Tatjana: Zur Bildungs- und Schulsituation der polnischen Minderheit in Berlin/Preußen. In: Mitteilungen und Materialien der Arbeitsgruppe Pädagogisches Museum. H. 25, 1987, S. 143–190

Dichtl, Erwin: Deutsch für Ökonomen. Lehrbeispiele für Sprachbeflissene. München 1995

Eco, Umberto: Wie man eine wissenschaftliche Abschlußarbeit schreibt. Doktor-, Diplom- und Magisterarbeiten in den Geistes- und Sozialwissenschaften. 6. Aufl. Heidelberg 1993

Goethe, Johann Wolfgang von: Gedenkausgabe der Werke, Briefe und Gespräche. Hrsg. von Ernst Beutler. Zürich und Stuttgart 1948 ff.

Heuer, Walter: Deutsch unter der Lupe. Zürich 1972

Kruse, Otto: Keine Angst vor dem leeren Blatt. Ohne Schreibblockaden durchs Studium. 4. Aufl. Frankfurt/Main, New York 1995

Lobentanzer, Hans: Deutsch muß nicht schwer sein. München 1986

Mackensen, Lutz: Gutes Deutsch in Schrift und Rede. Gütersloh 1985

Neis, Edgar: Verbessere Deinen Stil. Hollfeld 1974

Ruge, Elisabeth: Worte und Briefe der Anteilnahme. Niedernhausen/Ts. 1979

Schirn, R. W.: Kürzer, knapper, präziser. Der neue Mitteilungsstil moderner Führungskräfte. Düsseldorf 1970

Schneider, Wolf: Deutsch für Profis. München 1985

Tucholsky, Kurt: Gesammelte Werke. Hrsg. von Mary Gerold-Tucholsky und Fritz J. Raddatz. Reinbek 1993

I. Einleitung

In dieser Einleitung können Sie zunächst etwas über mich lesen, den Autor dieses Buches. Dann folgen, das mag Sie vielleicht verwundern, einige Überlegungen, wie ich mir Sie vorstelle, die Leserin, den Leser dieses Leitfadens. Schließlich erfahren Sie, wie das Buch aufgebaut ist.

1. Über den Autor

Ich schreibe seit über vierzig Jahren. Angefangen habe ich, wie Sie, mit dem Abc. Jahre lang habe ich mich mit dem Schreiben mal mehr, mal weniger gequält. Seit 20 Jahren schreibe ich gerne. Über diesen Weg will ich kurz berichten.
In der Grund- und Realschule durfte ich nie das schreiben, was ich wollte. Ich musste immer das schreiben, was die Lehrerin oder der Lehrer verlangte. Während meiner Lehrzeit habe ich nur Geschäftsbriefe geschrieben. Für fast alle Vorgänge gab es Muster. Im Abendgymnasium wurde jeder persönliche Akzent beim Schreiben schlecht benotet: Wir sollten uns an Regeln und an großen Vorbildern orientieren. Während meines Studiums lernte ich, mich »gebildet« auszudrücken. Ich schrieb über *Interdependenzen*, über *Evaluation* und *Implementation*, über *kommunikative Kompetenzen* und *elaborierte Codes*. Fremdwörter waren »in«, wie es in den siebziger Jahren neudeutsch hieß. Die »Kunst« des Schreibens bestand darin, sich unverständlich auszudrücken. Ein Satz ohne mindestens zwei Nebensätze und drei Einschübe galt als »ordinär verständlich«. In diesem geschraubten Imponierdeutsch schrieb ich viele Referate, meine Diplomarbeit und zusammen mit zwei Kollegen ein Buch.
Das Buch war erfolgreich, und in regelmäßigen Abständen muss-

te ich es für die Neuauflage durchsehen. Bei jeder neuen Auflage fielen mir die Satzmonster und Wortungeheuer auf, die ich bei der letzten Auflage produziert hatte. Ich überlegte mir: Wie kannst du dich verständlicher ausdrücken? So habe ich, an meinen eigenen – schlechten – Texten, viel gelernt. Damit bin ich, bevor es so richtig losgeht, bei meiner ersten Empfehlung: Sie können sehr viel lernen, wenn Sie während (und nach) der Lektüre dieses Buches Texte verbessern, die Sie in der Vergangenheit geschrieben haben. Werden Sie Ihr eigener Kritiker, Ihre eigene Kritikerin! Meine Erfahrung ist, dass die Arbeit an eigenen Texten (und das gelegentliche Schmunzeln über Briefe oder Berichte usw., die man früher geschrieben hat) auch Spaß machen kann.
Zurück zu *meiner* »Schreib-Geschichte«: Spaß am Schreiben entwickelte ich in der Zeit, in der ich meine erste Ausstellung machte. Ich stand damals kurz vor der Aufgabe, schwierige Zusammenhänge *kurz, verständlich* und *interessant* zu formulieren. Das war für mich eine harte und lernreiche Schule. Ich lernte, dass ich gar nicht so viele *Regeln* beachten muss, um vernünftige Texte zu schreiben. Ich lernte, dass viel Kreativität freigesetzt wird, wenn mir nicht ständig (gute oder schlechte) Schreib-*Vorbilder* im Nacken sitzen. Ich lernte, dass viel davon abhängt, den Kopf für das frei zu bekommen, was *ich* mitteilen will. Und ich lernte, dass ich mehrere Sätze hintereinander mit »ich lernte« anfangen kann.
Seit dieser Zeit schreibe ich gerne und viel. Ich habe erlebt, dass man kein Genie sein muss, um verständliche und interessante Texte schreiben zu können. Man kann es lernen. Lernen bedeutet in diesem Zusammenhang, auch einiges zu »verlernen«, was in der Schule gelehrt wurde (ich komme darauf zurück). Um anderen wenigstens einige der Qualen zu ersparen, die mich viele Jahre begleitet haben, führe ich seit 15 Jahren Seminare durch, in denen ich das Schreibhandwerk vermittle.

2. Über die Leserin, den Leser

Es folgen einige Gedanken darüber, wie ich mir Sie, die Leserin, den Leser dieses Buches vorstelle. Meine Überlegungen kreisen um die Frage, wofür Sie diesen Leitfaden brauchen.
Sie sind die »ideale« Leserin, der »ideale« Leser, wenn Sie gelegentlich oder auch öfter Texte verfassen. Sei es, dass sie

- im Büro, in Ihrer Ausbildung Protokolle oder Berichte schreiben,
- Leserbriefe schreiben oder schreiben möchten,
- in Ihrer Freizeit an einer Vereinszeitung mitarbeiten,
- als Mitglied einer Bürgerinitiative ein Flugblatt schreiben,
- für Ihren Verein oder Ihre Initiative Pressemitteilungen verfassen,
- in einem Verband oder einer Partei ehrenamtlich oder im Rahmen Ihrer Arbeit mit begrenzter Stundenzahl für die Presse- und Öffentlichkeitsarbeit zuständig sind,
- während Ihrer Aus- oder Weiterbildung Texte unterschiedlicher Art produzieren müssen.

Und Sie müssen unzufrieden sein – unzufrieden mit dem, was Sie in der Schule für das Schreiben von Texten gelernt haben. Unzufrieden aber auch mit

- Ihrem Stil, Ihren Formulierungen oder
- der unklaren Gliederung bzw. Struktur Ihrer Texte oder
- dem zu hohen Zeitaufwand beim Schreiben oder
- dem fehlenden Pfiff Ihrer Texte.

Sie wollen keine Schriftstellerin und kein Journalist werden. Sie wollen die Texte *verbessern*, die Sie im Beruf, in der Ausbildung oder im Alltag schreiben. Sie wollen mit weniger Mühe verständlich und möglichst interessant schreiben. Sie sind davon überzeugt, dass Sie das lernen können. Die Voraussetzungen dafür bringen Sie mit: Lust und Energie etwas zu lernen. Von diesem Buch erwarten Sie Hilfestellungen. Welche Hilfestellungen Sie erwarten können, erfahren Sie im nächsten Abschnitt.

3. Über den Inhalt und Aufbau des Buches

Im Mittelpunkt des Buches stehen Hilfestellungen für *alltägliche* Schreibanlässe wie ich sie im letzten Abschnitt genannt habe (Bericht, Leserbrief, Protokoll usw.). Deshalb werden Sie, im Unterschied zu anderen Büchern dieser Art, keine Hinweise auf »Klassiker« der Literatur finden. Ich werde keine »ewigen Wahrheiten« über das Schreiben zitieren. Ich bin sicher, dass Sie aus der folgenden Bemerkung von Walter Benjamin, die gerne zitiert wird, keinen praktischen Nutzen ziehen können: »Eine Periode, die, metrisch konzipiert, nachträglich an einer einzigen Stelle im Rhythmus gestört wird, macht den schönsten Prosasatz, der sich denken läßt.« Solche Zitate haben meist nur den einen Sinn: zu zeigen, dass der Autor viel gelesen hat. Diejenigen, die Rat zum Beispiel in Stilfragen suchen, werden eingeschüchtert. Ratschläge, die den Mut zum Schreiben nehmen, sind Schläge und führen zu Rückschlägen.
Sie finden in diesem Leitfaden auch keine »Muster«-Texte von »großen« Politikern oder Wissenschaftlern. Ich verkünde keine, bei Oberstudienräten sehr beliebte, »ehernen Regeln« guten Stils. Schließlich fehlen Plaudereien aus dem Nähkästchen des Profis, die vor allem Journalisten im Ruhestand schätzen. Der Leitfaden ist nüchtern und sachlich. Er verkündet keine Wahrheiten und schwelgt nicht in »eleganten« Stilfiguren. Was können Sie erwarten?
Ich stelle Ihnen zunächst die wichtigsten Stilelemente vor. Sie erfahren etwas über Wortwahl (Kapitel 2) und Satzbau (Kapitel 3). Ein guter Stil ergibt noch keinen Text. Und was »guter Stil« ist, hängt vom jeweiligen Anlass, Ziel und Zweck des Schreibens ab. Die folgenden Kapitel beschäftigen sich daher mit unterschiedlichen Texten. Kapitel 4 behandelt in erster Linie journalistische Texte (z.B. Meldung und Berich). Im fünften Kapitel stehen das Protokoll und der Bericht im Mittelpunkt. Thema des sechsten Kapitels sind Briefe. Um Texte, die im Studium, in

der Aus- und Weiterbildung geschrieben werden, geht es im letzten Kapitel: die Hausarbeit und das Thesenpapier. In jedem Kapitel wird gezeigt, wie diese Textformen sinnvoll strukturiert werden können und welche Besonderheiten zu beachten sind.
Alle Kapitel enthalten Übungen. Sie sollen das, was ich Ihnen empfehle, ausprobieren. Nur wenn Sie die Übungen machen, haben Sie die Möglichkeit, den Nutzen, den Sinn (oder Unsinn) meiner Hinweise und Empfehlungen *praktisch* zu überprüfen. Machen Sie es bei der Arbeit mit diesem Buch wie es für Sie im Alltag sicher selbstverständlich ist: Übernehmen Sie nichts, was Sie nicht überprüft haben.
Ich wünsche Ihnen und mir, dass Sie bei der Arbeit mit dem Buch nicht nur Mühe, sondern gelegentlich auch Freude haben, dass Sie in dem einen oder anderen Abschnitt auch einmal schmunzeln können.

II. Treffende und anschauliche Wörter

Ich beginne mit dem kleinsten Textbaustein: mit dem Wort. In diesem Kapitel werden die für einen verständlichen Text wichtigsten Wortarten behandelt. Im Vordergrund stehen zunächst das Verb (Tätigkeits-, Zeitwort) und das Adjektiv (Eigenschaftswort). Verben und Adjektive sind besonders beliebte Quellen für Stilblüten; mit beiden beschäftige ich mich daher ausführlich. In den folgenden Abschnitten geht es dann um Fremdwörter und »Neudeutsch«, um Synonyme und Bilderorgien – und um Blödsinn.

1. Verben, Verben, nochmals Verben

Mögen Sie Behördendeutsch, lesen Sie gerne Amtsblätter? Wenn ja, dann blättern Sie bitte weiter zum nächsten Abschnitt. Wenn Ihnen Bürokraten*deutsch* missfällt (Behörden*chinesisch* ist, meine ich, eine Beleidigung der Chinesen), dann wird Sie dieser Abschnitt interessieren.
Sie erkennen Behördendeutsch an der »Substantivitis«, an der Verwandlung von Verben in Substantive (Hauptwörter). Walter Heuer schreibt dazu:

> »Die Verben sind es, die unserer Sprache Leben einhauchen. Von den rund 400000 Wörtern des deutschen Wortschatzes machen sie ein Viertel aus. Man sollte pfleglich mit diesen Lebensspendern umgehen, wenn unsere Sprache nicht versteinern soll. Leider scheint der Bazillus der Substantivitis, deren erstes Opfer die sogenannte Kanzleisprache war, immer weitere Kreise anzustecken.« (1972, S. 48)

Wo liegen die Ursachen dieser Entwicklung? Eine entscheidende Ursache ist sicher, dass es in Ämtern nicht gerade lebhaft zugeht. Solange es eine Bürokratie gibt, so lange werden Bürokraten schreiben: » Bei *Unterbleiben* der sofortigen *Inangriffnahme* weiterer *Schulbauten* wird dem Land *großer Schaden erwachsen.*«
Verständlicher und dynamischer ist: »Beginnt das Land nicht sofort, weitere Schulen zu bauen, so wird ihm das schaden.«
Man mag in Behörden ruhig weiter Kanzleideutsch schreiben. Nehmen Sie sich aber bitte einen solchen Stil nicht zum Vorbild. *Wenn Sie Bewegung, wenn Sie Handlung ausdrücken wollen, dann wählen Sie das dafür passende Wort: ein Verb.* Das fällt nicht immer leicht. Die Substantivitis, der Nominalstil[1], die »Hauptwörterei« ist längst nicht mehr nur ein Behördenleiden. Das wird sehr schön deutlich in dem Stil-Ratgeber von Egar Neis. Dort ist zu lesen:

> »Obwohl in nahezu sämtlichen Stilbüchern immer wieder darauf hingewiesen worden ist, daß *hauptwörtliche Fügungen*, Umschreibungen und lange *Substantivkoppelungen* vermieden werden sollen, sind Stilblüten dieser Art in der Umgangssprache vor allem der Geschäftswelt, der Behörden und der Massenmedien kaum auszurotten.« (1974, S. 33).

Der Stilexperte schreibt:
- »hauptwörtliche Fügungen« statt Hauptwörter aneinanderzufügen,
- »Substantivkoppelungen« statt Substantive zu koppeln.

Substantivitis!
Der Nominalstil ist schwerfällig. Und in der Regel ist ein Text umso schwerer zu verstehen, je weniger Verben er enthält. Meine Empfehlung lautet daher:

1 Nomen (lateinisch): Hauptwort, Substantiv (Mehrzahl: Nomina), Nominalstil: aneinander gereihte Nomina.

- **Vermeiden Sie Substantivierungen**

Vermeiden Sie

- die Inaugenschein*nahme*
- die Inangriff*nahme*
- die Inbetrieb*nahme*
- die Rücksicht*nahme*
- die Zugänglichmach*ung*
- die Sprachbeherrsch*ung*
- die Erreich*ung*
- die Nachfrageerhöh*ung*
- die Erring*ung*
- die Instandsetz*ung*
- die Heranbild*ung*
- die Find*ung*
- die Fortbeweg*ung*
- die Verlangsam*ung*
- die Beinhalt*ung* (die häufig Bein-Haltung gelesen wird)
- die Erteil*ung*
- die Mittelaufbring*ung*
- usw.

Übung 1

Ersetzen Sie bitte die *kursiv* geschriebenen Nomina durch Verben:
Eine *Mehraufwendung* an Mitteln ist erforderlich

____

____

Die *Unterbrechung* des Autorennens erfolgte durch fünf betrunkene Männer.

____

Die Gruppe diskutierte die rechtliche *Zulässigkeit* einer zwangsweisen *Einschränkung* des Rauchens am Arbeitsplatz.

Ein *Unterbleiben* der *Inangriffnahme* des Projekts wird dem Unternehmen großen Schaden zufügen.

Auf das *Verbot* der *Inanspruchnahme* des Parkplatzes haben wir hingewiesen.

Die *Lagerung* des Falls ist eine verwickelte.

Vergleichen Sie bitte Ihre Neuformulierung mit meinen Vorschlägen, die Sie am Ende dieses Kapitels finden.

Die Empfehlung, Substantivierungen zu vermeiden, muss präzisiert werden: Vermeiden Sie Substantivierungen, *wenn ein Vorgang dynamisch ist.* (Wie gefällt Ihnen: Die Empfehlung zur Substantivierungsvermeidung bedarf der Präzisierung?)
Was ist beispielsweise »schief« an dem Satz: »Die plötzliche *Zuziehung* einer Verletzung erfolgte während der Abendstunden«? Auf die Dynamik, die mit »plötzlich« ausgedrückt wird, folgt statisch, schwerfällig »Zuziehung«.
Geschieht etwas regelmäßig und routiniert, ist ein Hauptwort durchaus angebracht, zum Beispiel:

- die *Zubereitung* der Mahlzeiten,
- die *Reinigung* des Schornsteins,
- die *Ziehung* der Lottozahlen.

Verben kennzeichnen Tätigkeiten, Hauptwörter stehen für Gegenstände (und *regelmäßige, gleichförmige Vorgänge*). Wenn Sie unsicher sind, ob Sie ein Verb oder ein Hauptwort wählen sollen *entscheiden Sie sich für das Verb.* (Scheußlich substantiviert: Im Falle eines Zweifels über die Wortwahl sollte die Entscheidung zugunsten eines Verbes getroffen werden.)
Die zweite Empfehlung lautet:

- **Vermeiden Sie Funktionsverben**

Funktionsverben, von Ludwig Reiners »Streckverben« genannt, sind keine echten Verben. Sie können nicht alleine stehen, sind auf ein Substantiv angewiesen. Ich zähle nur einige dieser Sprachblähungen auf:

- Beachung schenken
- Stillschweigen wahren
- Abhilfe schaffen
- unter Beweis stellen
- in Erwägung ziehen
- zur Darstellung bringen
- Verzicht leisten
- Entwicklung nehmen
- Folge leisten
- in Erscheinung treten
- in die Flucht schlagen
- zum Stillstand bringen
- zur Durchführung bringen

Diese Funktionsverben sind nicht besser als Substantivierungen. Sie machen einen Text dröge. Schreiben Sie deshalb nicht: »Der Ankläger *stellte seine Behauptung unter Beweis.*« Schreiben Sie besser: »Der Ankläger *bewies* seine Behauptung.«

Übung 2

Finden Sie für folgende Streckverben echte Verben:

Bedeutung beimessen	______________
zum Vorwurf machen	______________
den Sieg davontragen	______________
sie fand an ihm Gefallen	______________
in Abrede stellen	______________
in Verlust geraten	______________
in Augenschein nehmen	______________

Meine Vorschläge finden Sie am Ende dieses Kapitels.

Übung 3

Formulieren Sie bitte folgende Sätze neu. Vermeiden Sie Funktionsverben und einen Nominalstil.

Die Regierung schenkt der Alterrsicherung Beachtung.

____

Die Oppositionsführerin stellte ihre politische Begabung unter Beweis.

____

Das Ensemble brachte ein Drama zur Darstellung.

____

Über den Reaktorunfall wurde Stillschweigen gewahrt.

____

Das Rauchen und Trinken führt in gesundheitlicher Hinsicht zu einer großen Beeinträchtigung.

____

Die Polizei schlägt die Demonstranten in die Flucht.

Als Frau wird man häufig vor die Notwendigkeit einer Entscheidung zwischen Kinderwunsch und Beruf gestellt.

Ein Verhältnis liegt im Falle der Weigerung eines Mannes und einer Frau vor, ihrer auch die sexuelle Intimität einbegreifende Beziehung eine öffentliche Rechtsform zu geben.

Erst kommt der Wald zu Tode, dann scheidet der Mensch aus dem Leben.

Vergleichen Sie bitte Ihre Formulierungen mit meinen Vorschlägen am Ende des Kapitels.

Für die dritte Empfehlung übernehme ich zwei Bezeichnungen von Wolf Schneider:

- **Vermeiden Sie Luftwörter und Spreizverben**

»Luftwörter« sind Verben wie bewirken und bewerkstelligen. Solche Verben machen einen Text holprig und steif. Schreiben Sie nicht: »Er bewirkte einen Aufschub.« »Er fragte, wie die Aufgabe zu bewerkstelligen sei.« Schreiben Sie besser: »Er erreichte einen Aufschub.« »Er fragte, wie die Aufgabe zu lösen (zu meistern, zu bewältigen) sei.«
Zu den »Luftwörtern« zähle ich auch alle Verben mit überflüssigen Vorsilben:

- *ab*ändern
- *ab*klären

- *ab*mildern
- *ab*sichern
- *ab*sinken
- *ab*stützen
- *ab*zielen
- *an*kaufen
- *an*liefern
- *an*mieten
- *an*schwellen
- *an*wachsen
- *auf*spalten
- *auf*zeigen

Ändern ist ändern und mieten ist mieten. Die Vorsilben *ab* oder *an* sind nichts anderes als ein krampfhafter Versuch, ein Verb aufzublasen. Das mag modern sein, guter Stil ist es nicht.
»Spreizverben« sind Verben wie vergegenwärtigen oder beinhalten. Was halten Sie von den folgenden Sätzen: »Ein Buch beinhaltet viele anregende Überlegungen. Es vergegenwärtigt uns, dass viele Probleme noch ungelöst sind.« Ich meine: Sätze wie diese sind der verunglückte Versuch, sich »gewählt« auszudrücken. Sie sind steif und wirken gespreizt. Ich empfehle, schlicht und treffend zu schreiben: »Das Buch enthält viele anregenden Überlegungen. Es macht uns deutlich, dass noch zahlreiche Probleme ungelöst sind.«

Zusammenfassung:
Verben, Verben, nochmals Verben!

! **Buch-Tipp:**

Duden. Band 8: Die sinn- und sachverwandten Wörter. Wörterbuch für den treffenden Ausdruck.

Übungs-Tipp:
Denken Sie sich ein Thema für eine kleine Geschichte aus, zum Beispiel: »Ferien auf dem Bauernhof«. Notieren sie sich zu diesem Thema zehn Hauptwörter, zum Beispiel, Hühner, Kuhstall, Frühstück usw. Schreiben Sie dann eine *kleine* Geschichte, in der diese zehn Hauptwörter vorkommen. Versuchen Sie, möglichst viele lebendige Verben zu verwenden.

2. Adjektive: Der Test, bei dem viele durchfallen

Die Überschrift für diesen Abschnitt habe ich mir von E. A. Rauter geborgt. Er bezeichnet das Eigenschaftswort als »gefräßige Falle«. Auch andere Autoren warnen davor, Adjektive zu verwenden. Wolf Schneider schreibt kurz und bestimmt: »Weg mit den Adjektiven!« In der Literatur wird gerne ein Ausspruch des Politikers Clemenceau (1841–1929) zitiert. Dieser soll, als er Schriftleiter einer Zeitung war, zu jungen Journalisten gesagt haben: »Bevor Sie ein Adjektiv schreiben, kommen Sie zu mir in den dritten Stock und fragen, ob es nötig ist.«
Diese Warnungen sind übertrieben. Clemenceau warnte beispielsweise nicht alle Kollegen, sondern *junge*. Das Eigenschaftswort *jung* wird also gebraucht – um zu unterscheiden. Die Warnungen sind übertrieben, aber nicht unbegründet: Adjektive werden oft falsch eingesetzt; Eigenschaftswörter machen Texte häufig nicht interessanter, anschaulicher oder verständlicher, sondern holprig und kompliziert oder schlicht lächerlich. Deshalb weise ich zunächst auf Fehlerquellen hin, und gehe erst dann auf die Frage ein, wann welche Adjektive nützlich und sinnvoll sind.
Wir begegnen Adjektiven in drei Formen:
- als Beifügung (Attribut): die fröhliche Frau,
- als Umstandwort (Adverb): die Frau singt fröhlich,
- als Satzaussage (Prädikat): die Frau ist fröhlich.

Die meisten Fehler, Ungereimtheiten und Schludereien passieren bei der Beifügung.

Tautologien, überflüssige Adjektive

Im »runden Kreis« erkennen wir sofort die Tautologie, eine Formulierung, die einen Sachverhalt doppelt wiedergibt. Es gibt keinen eckigen oder quadratischen Kreis. Der Kreis ist rund. Auch beim »weißen Schimmel« würden Sie schmunzeln.

Übung 4

Kreuzen Sie bitte alle Formulierungen an, die überflüssige Adjektive enthalten.

- ☐ Sie erlag ihren schweren Verletzungen.
- ☐ In der beigefügten Anlage . . .
- ☐ lautes Geschrei
- ☐ Nur ein verheiratetes Ehepaar war eingeladen.
- ☐ schwere Verwüstungen
- ☐ gemeinschaftliches Zusammenwirken
- ☐ Sie staunten über die riesigen Wolkenkratzer.
- ☐ steile Felswände
- ☐ Fleißige Hände regten sich, um die Vorbereitungen rechtzeitig abzuschließen.
- ☐ restlos überzeugt.

Meinen Kommentar finden Sie am Ende des Kapitels.

Phrasen und Schwulst

Wie ist die arme *Wahrheit*? – *Nackt*.
Und wie ist die tugendhafte *Wahrheit*? – *Rein*.
Was machen die *Fragen*? – Sie *brennen* lichterloh.

Die »nackte« und die »reine« Wahrheit sind Phrasen. Ebenso abgedroschen ist die Formulierung »brennende Fragen«. Vermeiden Sie Phrasen wie

- nackte Wahrheit
- reine Wahrheit
- brennende Fragen
- voll und ganz (auch noch eine Doppelung!)
- weit reichender Beschluss
- vollendete Tatsachen
- übergroße Mehrheit
- unerschütterliche Grundlage
- unliebsame Störungen
- strengstes Stillschweigen
- vorrangiges Anliegen
- einzig und allein (und noch eine Doppelung!)
- goldene Mitte
- nicht unerheblich
- eingehende Beratung
- unmissverständlich (darlegen)
- völlige Übereinstimmung
- felsenfester Glaube
- unausbleibliche Folge
- tiefgreifende Veränderungen
- schwerwiegender (Eingriff)
- usw.

Überlassen Sie das »eindrucksvolle Bekenntnis« und die »schwer wiegenden Bedenken« neidlos Politikerinnen und Politikern. Die haben es nötig! Wenn nach »eingehender Beratung« in Berlin »weit reichende Beschlüsse« gefasst werden, die ein »eindrucksvolles Bekenntnis« zur freien Marktwirtschaft »darstellen« – dann will man meist wortreich vermeiden, klar zu sagen: Im nächsten Jahr erhöhen wir die Steuern (oder die Beiträge zur Arbeitslosenversicherung). Der letzte Satz ist zwar verständlicher, klingt aber nicht gut in den Ohren der Wählerinnen und Wähler. Anders formuliert: Wenn Sie nichts zu verbergen haben, dann schreiben und sprechen Sie klar, direkt und verständlich.

Schreiben Sie	**statt**
80 Prozent	übergroße Mehrheit
Kompromiss	goldene Mitte
mir/uns ist wichtig	vorrangiges Anliegen
Dialog	Unter-vier-Augen-Gespräch
ungelöste/wichtige Fragen	brennende Fragen
Konsequenz/Folge	unausbleibliche Folge

- **Vermeiden Sie Phrasen und (Politiker-)Schwulst.**

Falsche Adjektive

Es ist modern geworden, Substantive in Adjektive zu verwandeln. Noch sind uns die »schamhaften« Haare erspart geblieben, noch wird, wenn es um die so genannten Schamhaare geht, auch »Schamhaare« geschrieben. Aber sonst bleibt kaum ein Substantiv von der »Adjektivitis« verschont. Ein Kollege von mir erfand kürzlich folgende Zwischenüberschrift: »Dilemmatische Überlegungen«. Er wollte nicht sagen, dass seine Überlegungen in der Klemme stecken. Das hat er aber geschrieben. Er wollte sagen, dass er zu einem Dilemma Überlegungen anstellt. Hätte er es geschrieben, wäre ihm der Spott erspart geblieben.
Stellen Sie also keine *weltgeschichtlichen* Überlegungen an, wenn Sie sich Gedanken über die *Weltgeschichte* machen.
Machen Sie sich auch keine *gesundheitlichen* Gedanken, sondern kümmern Sie sich um Ihre *Gesundheit.*
Klagen Sie nicht über die *mittelständischen* Einkommensschmälerungen, wenn Ihnen missfällt, dass die Einkommen des *Mittelstandes* geschmälert werden.

Geben Sie, wenn Sie in der SPD sind, kein *sozialdemokratisches* Dementi heraus. Veröffentlichen Sie ein Dementi der *Sozialdemokraten.*
Besuchen Sie kein *elterliches* Haus, wenn Sie sonntags zu Ihrem *Elternhaus* fahren.
Halten Sie sich nicht lange im *kirchlichen* Bereich auf, gehen Sie lieber in die *Kirche.*
Schimpfen Sie nicht über fehlendes *umweltliches* Gefahrenbewusstein, sondern unternehmen Sie etwas, damit mehr Menschen sich der Gefahren für die *Umwelt* bewusst werden.
Fragen Sie nicht nach einer *sitzenden* Tätigkeit, wenn Sie eine Stelle suchen, bei der Sie *im Sitzen* arbeiten können.
Sie mussten ja auch noch nie auf einen *dringenden* Ort, sondern allenfals dringend auf die Toilette.

Wenn Sie einem Hauptwort ein Eigenschaftswort beifügen wollen, fragen Sie: *Kann dieses Hauptwort durch dieses Eigenschaftswort näher beschrieben werden?* Kann ein Haus *elterlich* sein? Nein. Ein Haus kann groß oder klein, alt oder neu, schön oder heruntergekommen sein – aber nicht *elterlich.* Es ist das Haus der Eltern, das Elternhaus.

Die Steigerung

Wenn Sie in der Werbebranche arbeiten, Ihr Geld als Vertreter verdienen oder für eine Boulevard-Zeitung schreiben, dann gelten die folgenden Hinweise für Sie nicht. Wo Dinge an den Mann oder die Frau gebracht werden sollen, wo der Verkauf zählt, regieren der Komparativ und vor allem der Superlativ[2], die Steigerung des Adjektivs. Da »wäscht XYZ so weiß, *weißer* geht's nicht.« Da ist vom »*weißesten* Weiß meines Lebens« die Rede.

2 Komparativ: 1. Steigerungsstufe (Vergleichsstufe): reicher als, kleiner als. Superlativ: 2. Steigerungsstufe (Höchststufe): reichste, kleinste.

Alles (sprachlicher) Unsinn – und kein vernünftiger Mensch glaubt diesen Werbesprüchen. Der Superlativ ist marktschreierisch, ist verkaufsorientiert: Super-, Sonder-, Niedrigstpreise. *Verwenden Sie ihn deshalb sehr, sehr sparsam.* Sie ersparen sich und anderen einen schlechten Stil und Dummheiten wie diese:

- immer einseitiger
- immer schwindelndere Höhen
- optimalste Bedingungen
- in keinster Weise
- die allerletzte Nachricht
- extremste Ansichten
- minimalste Übereinstimmungen.

Hier werden Steigerungen, zum Beispiel *optimal*, nochmals gesteigert. Um Aufmerksamkeit zu wecken, wird auch schon mal der falsche Teil eines zusammengesetzten Adjektivs gesteigert:

- bestgeordnetste Verhältnisse
- bestangezogenste Frau
- meistgelesenste Autorin.

Gemeint sind bestens geordnete Verhältnisse, die am besten angezogene Frau, die am meisten gelesene Autorin. Das wäre grammatisch richtig. Aber wer würde sich schon trauen, solche eindeutigen Behauptungen aufzustellen? Die Suche nach Sensation trieb folgende Stilblüte hervor: der zusehends schmalbrüstig*ere* linke Flügel der Partei. Versuchen Sie einmal, sich diesen »schmalbrüstigeren« linken Flügel vorzustellen! Gesagt werden sollte: Der linke Flügel der Partei wird *kleiner.* Angebracht ist demnach ein Adjektiv, das gesteigert werden kann: *klein.*

Gehen Sie sparsam mit Superlativen um. Verzichten Sie im Zweifelsfalle auf einen Superlativ (meist genügt ein Komparativ). Und beachten Sie bitte, dass sich viele Adjektive nicht steigern lassen.

Übung 5

Kreuzen Sie bitte die Adjektive an, die Ihrer Meinung nach gesteigert werden können.

☐ gold
☐ wahr
☐ zweiseitig
☐ schön
☐ allein
☐ alltäglich
☐ groß
☐ rund
☐ ideal
☐ zweideutig
☐ sorgenfrei
☐ arglos
☐ verärgert

Meinen Kommentar finden Sie am Kapitelende.

Vom Nutzen des Adjektivs

Mit dem Adjektiv verhält es sich wie mit vielen anderen Dingen im Leben: In Maßen ist es nützlich, hilfreich und belebend.

Adjektive dienen zur Unterscheidung bzw. Verdeutlichung.
Das *grüne* Auto (nicht das *gelbe*).
Ein *moralisches* Gebot (kein *juristisches*).

Adjektive werden gebraucht, um etwas zu bewerten.
Ein *interessantes* Buch (kein *langweiliges*).

Adjektive können Vorgänge und Situationen anschaulicher machen.
In der Form des Attributs:

bedrückende Stille
gelassene Heiterkeit
In der Form des Adverbs:
Mühsam bewegten sie sich vorwärts.
Plötzlich kam ihr der Gedanke . . .

Mit Adjektiven können Überraschungen erzielt werden.
Die US-Außenministerin zeigte ihrem deutschen Kollegen *charmant* die kalte Schulter.
Der Kanzler lächelte *eisig* über den Vorschlag des Umweltministers.

Damit Adjektive ihre nützliche, hilfreiche und belebende Wirkung entfalten können, müssen Sie sorgfältig prüfen,

- ob ein Adjektiv notwendig ist,
- ob das gewählte Adjektiv passend ist.

Zu viele Adjektive schaden einem Text selbst dann, wenn sie treffend sind: »Der blonde, lebhafte, sparsame, erfahrene Lehrer.« Das ist zuviel des Guten – und somit schlecht. Es gilt also in jedem Falle: *Verwenden Sie Adjektive sparsam.* Als Faustregeln empfehle ich: *Nicht mehr als zwei (passende!) Adjektive in einem Satz, besser weniger.*

Übung 6

Schreiben Sie bitte den folgenden Text um. Streichen Sie die überflüssigen Wörter, und ersetzen Sie Schwulst durch einfache Wörter.
In Ihrer Eigenschaft als Interessent für Kapitalanlagen sollten Sie bei Hinweglassung schwerwiegender Bedenken in Erwägung ziehen, ein Grundstück in ABC käuflich zu erwerben. Eine Herabminderung seines Wertes ist auch angesichts des Baus eines Kraftwerks praktisch nicht zu erwarten. In ähnlich gelagerten Fällen hat sich mit Hilfe einer Einflussnahme-

seitens der Landesregierung unverhältnismäßig viel erreichen lassen.

____

____

____

____

Vergleichen Sie Ihr Ergebnis mit meinem Vorschlag am Kapitelende.

Zusammenfassung:
Lesen Sie bitte noch einmal den letzten Absatz vor der Übung 6.

Buch-Tipp:
Duden. Band 2: Das Stilwörterbuch.

Übungs-Tipp:
Streichen Sie in der Wochenend-Ausgabe Ihrer Zeitung in drei bis vier Artikeln alle überflüssigen Adjektive an.

3. Fremdwörter, Modewörter und Silbenschleppzüge

Verfügen Sie über genügend kommunikative Kompetenz, um in einem Diskurs latente Spannungen und manifeste Dissonanzen nicht nur zu registrieren und affektiv zu bewältigen, sondern sie auch produktiv zu einem Konsens zu führen, der eine Diskurskontinuität gewährleistet? Oder treten in solchen Situationen mündlicher Textproduktion bei Ihnen Realitätsmystifizierungen auf, die Sie daran hindern, die konfliktären Faktoren des Diskursprozesses, die Attribuierungen, die transrationalen Vorgänge, die Ambivalenzen und Aggressionen zu reflektieren und zu verbalisieren?

Fremdwörter

Ich bin sicher, dass Ihnen diese zehn Zeilen nicht gefallen – mir auch nicht. Wer so schreibt, schreibt unnötig kompliziert. Wer so schreibt, hat kein Interesse, anderen etwas mitzuteilen. Wer so schreibt, will imponieren oder einschüchtern. Manche mögen es, wenn ein Fremdwort dem anderen folgt. »Spiegel«-Redakteure versuchen zum Beispiel, durch möglichst viele Fremdwörter zu beeindrucken. Es würde mich nicht wundern, in einem »Spiegel« den folgenden Satz zu finden: »Der Intelligenzquotient eines Agrarkulturökonomen ist reziprok proportional dem Volumen seiner Hackfruchtproduktion.« Ohne Angeberei und verständlicher liest sich diese (fragwürdige) Volksweisheit so: »Die dümmsten Bauern haben die dicksten Kartoffeln.«
Ich will nicht für eine Deutschtümelei plädieren. »Plädieren« ist ein Fremdort, das Ihnen vertraut ist. Sie verwenden ganz selbstverständlich folgende Fremdwörter:

Adresse	Humus	offiziell	vage
Bilanz	Import	Patient	WC
Café	Jeans	Qualität	Xylophon
direkt	Kopie	reparieren	Yoghurt
Etage	Limonade	Spezialist	Zement
frankieren	mixen	Termin	
gratis	Notar	Urne	

Die Zeiten, in denen aus einem Patienten ein »Kränkling« werden sollte, sind zum Glück vorüber. Und »Kranker in ärztlicher Behandlung«, so die Erläuterung im Fremdwörter-Duden, ist wohl zu umständlich. Bleiben wir *Patienten*, *frankieren* wir unsere Briefe (statt sie freizumachen), setzen wir uns an den *Computer* und fragen wir *Experten.*
Es wäre Unsinn, Fremdwörter um jeden Preis zu vermeiden. Hans Lobentanzer versucht das, aus verständlichem Ärger über die Fachsprache der Pädagogen, Psychologen und Soziologen. So übersetzt

er zum Beispiel *Motivationsdefizit* mit faul (1986, S. 148). Das ist jedoch eine grobe Vereinfachung (unnötiges Fremdwort: *Simplifizierung*). Wenn ich nicht *motiviert* bin, dann heißt das noch lange nicht, dass ich *faul* bin.
Sinnvoll ist eine »gemäßigte Deutschschreibung« (R. W. Leonhardt).

Fremdwörter sind angebracht,

a) **wenn sie verständlich sind, sich in der Umgangssprache eingebürgert haben.**

Sie können voraussetzen, dass *Computer* ebenso (richtig oder falsch) verstanden wird wie *elektronische Rechenanlage* (so übersetzt der Fremdwörter-Duden);

b) **wenn sie verständlich und treffend sind.**

Ironie und *Humor* sind zwei verständliche Fremdwörter, die verschiedene Sachverhalte bezeichnen. Beide Wörter können nicht durch ein deutsches Wort mit der gleichen treffenden Bedeutung ersetzt werden;

c) **wenn es ein entsprechendes deutsches Wort nicht gibt.**

Die *Psyche* ist nicht dasselbe wie die *Seele*. Für die englischen *Colleges* gibt es keine angemessene deutsche Übersetzung;

d) **wenn Lokalkolorit vermittelt werden soll.**

Die *Datscha* ist zwar ein *Wochenend-* bzw. *Ferienhaus*, doch diese Übersetzung trifft nicht diesen Wunschtraum vieler Menschen in Rußland (und in der ehemaligen DDR, wo dieses Wort, zumindest bis zur Vereinigung, fester Bestandteil der Alltagssprache war).

e) **wenn es auf der gleichen Stilebene kein passendes deutsches Wort gibt.**

Schwul ist noch häufig ein Schimpfwort. Und solange dies so ist, bleibt nur das Fremdwort *homosexuell*.

Wenn Sie in einem Text ein Fremdwort verwenden wollen, schreiben Sie zunächst die deutsche Übersetzung in Klammern dahinter. Prüfen Sie, wenn der Entwurf Ihres Textes fertig ist, ob das deutsche Wort oder das Fremdwort besser passt. Kürzer: Das Fremdwort muss verständlich und treffend sein.

Modewörter

Viele Menschen sind heute nicht mehr niedergeschlagen, sondern *down*. Sie haben auch keinen Kater mehr, sondern einen *Hangover.* Sie setzen sich nicht einfach zusammen an einen Tisch, um ein Gespräch zu führen. Nein, es muss schon ein *Round-table-Gespräch* (oder eine *Teamsitzung*) sein. *Teamwork* ist beliebt, *Outsourcing* und *Lean Production* liegen im *Trend*, *Teach-ins* sind *out* – und beim *Snowboard-Instructor* können Sie Ihr *Know-How updaten*, wenn Sie nicht *Freestyle-climbing* bevorzugen.
Für die »neudeutschen« Wörter gilt, was ich zuvor über Fremdwörter angemerkt habe: *Trend* ist weniger schwergängig als *Entwicklungsrichtung*, für den *Instructor* tut es auch *Lehrerin* oder *Lehrer* bzw. *Trainerin* oder *Trainer. Sit-in* ist kein *Einsitzen*, und auch kein *Sitzstreik*, sondern eine besondere Protestform (ursprünglich von Studenten). Für *Sit-in* gibt es kein treffendes deutsches Wort. Es gibt also Fälle, in denen zum Beispiel Anglizismen angebracht sind, weil sie einen Sachverhalt treffend benennen und kein angemessenes deutsches Wort zur Verfügung steht. (*Anglizismus* ist auch nur sehr schwerfällig deutsch auszudrücken. Der Fremdwörter-Duden schlägt vor: »englische Spracheigentümlichkeit in einer anderen Sprache«). Meist gibt es für »neudeutsche« Ausdrücke bessere – weil treffendere – deutsche Wörter. Deshalb, nicht weil mir die »Reinheit« der deutschen Sprache am Herzen liegt, rate ich von vielen Modewörtern ab. Wenn *weich* in der Werbung *soft* oder *softig* wird, dann ist das kein Gewinn, sondern Blödsinn – wie auch die folgende Anzeige im

»Berlin-Mitte-Anzeiger«: »Unsere Gäste sind begeistert! Zarte Lämmer werden *live* vor ihren Augen am Drehspieß gegrillt.«

Übung 7

Entscheiden Sie, ob es verständlichere und treffende deutsche Wörter gibt für:

- Trend
- Comic
- Fanclub
- Party
- Popstar
- Skateboard
- Swimmingpool

Zu dieser Übung gibt es keine Musterlösung, nur zwei Hinweise: Ein *Pop*star ist kein *Schlager*star; die Übersetzung für *Swimmingpool*, die Sie im Fremdwörter-Duden finden *(Schwimmbecken)*, ist unzulänglich: Nicht jedes Schwimmbecken ist ein *Swimmingpool*. In dem Wort *Swimmingpool* ist enthalten, dass es ein nicht öffentliches Schwimmbecken ist (das einer Person, einer Familie oder einem Hotel gehört).

Silbenschleppzüge

Kurze Wörter erleichtern das Verständnis. Leider sind »Wortblähungen« modern. So begegnen uns häufig »Silbenschleppzüge«, die schwer zu verstehen sind:

- Reiserücktrittsversicherungspauschale
- Gesundheitskostendämpfungsgesetz
- Unfallverhütungsvorschriften
- Friedensforschungssondermittel
- Einkommensteuerdurchführungsverordnung
- Produktionskapazitätserweiterung

Modern ist auch der Unsinn, schlichte aber treffende Worte aufzublähen:

- aus der Antwort wird die Rückantwort,
- aus der Erinnerung die Rückerinnerung,
- aus dem Stau der Rückstau,
- man festigt nicht mehr, sondern befestigt,
- man fürchtet nicht mehr, sondern befürchtet,
- die Aufgabe wird zur Aufgabenstellung,
- die Rücksicht zur Rücksichtnahme,
- Ziele verwandeln sich in Zielsetzungen oder Zielprojektionen,
- der Stuhl wird zur Sitzgelegenheit,
- aus Bäumen wird der Baumbestand.

Verwenden Sie, wenn möglich, kurze Wörter. Sie erleichtern das Verständnis.

Kurze Wörter sind meist auch geläufiger und anschaulicher. Geläufiger als *Postwertzeichen* ist *Briefmarke*. Schreiben Sie *Telefonzelle* statt *öffentlicher Münzfernsprecher* und *Geisterfahrer* statt *Gegenrichtungsfahrbahnbenutzer*. Anschaulicher als *städtische Grünanlage* ist *Stadtpark*. Schreiben Sie *Dauerregen* statt *ergiebige Niederschläge*.

Übung 8

Schreiben Sie bitte folgende Sätze um:
In allen Veranstaltungen besteht für Jugendliche die Möglichkeit, sich mit der Suchtthematik auseinanderzusetzen und sich über Alternativen zum Suchtmittelgebrauch zu informieren.

Auch Eltern und anderen Bezugspersonen werden Informationen und Anregungen vermittelt, die einer möglichen Suchtentwicklung bereits frühzeitig entgegenwirken können.

Die Bürger draußen im Lande, erklärte der Regierungssprecher, seien mit der Einkommensteuergesetznovellierung einverstanden. Die Regierung gehe davon aus, dass sich im kommenden Haushaltsjahr die Steuereinnahmen erhöhen.

Meine Vorschläge stehen auf Seite 50.

Zusammenfassung:
Schreiben Sie gemäßigt Deutsch, vermeiden Sie Silbenschleppzüge.

Buch-Tipp:
Duden. Band 5: Das Fremdwörterbuch.

Übungs-Tipp:
Wenn Sie mit einem guten Textverarbeitungsprogramm (nicht zu vermeidender Silbenschleppzug!) arbeiten und zusammengesetzte Hauptwörter wie *Suchtmittelgebrauch* oder Modewörter wie *Candlelightparty* vom Rechtschreibprogramm überprüfen lassen, lautet die Meldung: »Nicht im Wörterbuch«. Sie können also das Rechtschreibprogramm als Anhaltspunkt nutzen, um Silbenschleppzüge und Mode-

wörter zu vermeiden. Versuchen Sie es einmal mit folgenden Wörten: Trend, soft, cool, Friedensforschungsmittel, Knowhow, Produktionskapazitätserweiterung, Teamwork.

4. Vorsicht: Bilder! Achtung: Synonyme!

Im letzten Abschnitt dieses Kapitels erfahren Sie etwas über Bilder und Synonyme (bedeutungsähnliche, bedeutungsgleiche Wörter). Zur Einstimmung in das erste Thema blende ich zunächst eine kleine Szene aus einer – erfundenen – Diskussionsrunde ein.

Bilder

Die Achillesferse von Peter war sein Gedächtnis, an dem der Zahn der Zeit genagt hatte. So hatte er wieder einmal, gerade als er den springenden Punkt in der Diskussion ansprechen wollte, den roten Faden verloren. Die Gruppe zeigte ihm die kalte Schulter, niemand gab ihm ein Stichwort. Das war verständlich, denn Peter hatte sich mit seinem Beitrag zwischen alle Stühle gesetzt. Manche meinten, sein Beitrag würde dem Fass die Krone ins Gesicht schlagen. Nur Sabine dachte, dass Peters Kritik wie die Faust aufs Auge passte.

Auf wenigen Zeichen acht Bilder bzw. Metaphern:
- die Achillesferse,
- der Zahn der Zeit nagt
- der springende Punkt
- der rote Faden
- die kalte Schulter zeigen
- zwischen *allen* Stühlen sitzen
- dem Fass die *Krone* ins Gesicht schlagen
- wie die Faust aufs Auge passen.

Bilder können einen Text anschaulich machen. Eine Metapher, zum Beispiel *Achillesferse* statt *verwundbare Stelle*, kann einem Text Kraft geben. Zu viel des Guten schadet in jedem Fall. Ein Bild nach dem anderen, wie in der erfundenen Szene, ergibt eine Karikatur und keinen anschaulichen Text. Und: Bilder verblassen. Die *Spitze des Eisbergs* war einmal ein originelles Bild. Mittlerweile haben wir diese Formulierung hundertmal und mehr gelesen oder gehört. Sie ist langweilig geworden. Auch Bilder bzw. Metaphern wie die folgenden sind nicht mehr originell und erzeugen eher Überdruss als Lesevergnügen. Sie verfehlen also ihren Zweck.

- des Kaisers Bart
- das Ende der Fahnenstange
- das Auge des Gesetzes
- das Kind mit dem Bade ausschütten
- in den Griff kriegen

Ich empfehle, bekannte Bilder oder Metaphern nur dann zu verwenden, wenn sie originell fortgesetzt werden können:

- Diesmal genügte es der Gesundheitsministerin nicht, das Kind mit dem Bade auszuschütten; diesmal musste sie dem Kind auch noch Seife in die Augen reiben.
- Im Land, wo die Zitronen blühen, blüht seit zwei Jahren auch die Konjunktur, weil . . .

Es erfordert Arbeit, treffende Bilder zu finden. Selbst Vielschreiber greifen häufig daneben. Seien Sie deshalb vorsichtig, wenn Sie Bilder oder Metaphern verwenden. Prüfen Sie sorgfältig, ob Sie ein treffendes und originelles Bild gewählt haben. *Treffend* ist wichtiger als *originell*. Mit falschen Bildern blamieren Sie sich.

Übung 9

Lesen Sie bitte noch einmal meine »Einstimmung« ins Thema. Prüfen Sie bitte, welche Bilder falsch sind.

Falsch ist: ______________________________

Falsch ist: ______________________________

Meine Anmerkung folgt im nächsten Absatz.

Falsch wird ein Bild, wenn

- man zwischen *allen* Stühlen sitzt (das geht nicht, man kann höchstens zwischen zwei Stühlen sitzen),
- etwas dem Fass die *Krone ins Gesicht* schlägt (statt: das schlägt dem Fass den Boden aus),
- der springende Punkt irgendwo *liegt* (ein springender Punkt kann nicht liegen),
- man eine neue Laufbahn *ergreift* (eine Laufbahn kann man nicht ergreifen),
- über eine Wunde *Gras wächst* (dann sollte man schnell zum Arzt gehen),
- Fehler sich in *tragbaren* Grenzen halten (Grenzen können nicht getragen werden; gemeint ist: erträglich),
- die Flamme der Begeisterung *abebbt* (das kann nur der Flut passieren; Feuer erlischt),
- etwas in einem Teufelskreis *versinkt* (sinken kann ein Schiff im Wasser; zum Kreis passt gehen oder laufen),
- in der Diskussion eine Spannung *klafft*,
- in eine Flaute *abgeglitten* wird.

Mit Bildern lässt sich noch mehr Unsinn anrichten, wenn man sie mischt. Bildermischungen können dann zu Bilderorgien werden. Ich führe nur einige solcher Stilblüten an, die durch Bildermischungen entstehen können: Manche hauen *»mit scharfen Zungen auf den Putz«*. In den »Stuttgarter Nachrichten« war zu lesen: »Lothar Späth beweist, dass er das *Ohr am Puls des*

Volkes hat.« Gelegentlich meint ein Autor, »*der Zahn der Zeit* habe schon manche *Träne* getrocknet«.

Ich wiederhole: Treffende Bilder können einem Text »Farbe« geben. Aber seien Sie vorsichtig. Selbst Profis verwenden oft verbrauchte, abgegriffene Bilder.

- Setzen Sie Bilder nicht um jeden Preis ein.
- Verwenden Sie Bilder nur dann, wenn sie einen Vorgang oder Sachverhalt wirklich anschaulicher machen.
- Vermeiden Sie Bilder, wenn sie zu Missverständnissen führen können.

Synonyme

Ich bin sicher, dass Sie in der Schule gelernt haben, dass zu einem »guten« Aufsatz ein Wechsel im Ausdruck gehört. Diese Empfehlung ist richtig und wichtig. Es ist kein guter Stil, wenn ich dreimal hinter einander das Wort »machen« verwende: »Er machte die Tür auf und ging sofort in die Küche und machte sich einen Kaffee. Dann machte er seine Hausaufgaben.« *Machte* kann wegfallen; weniger eintönig ist folgende Formulierung: »Er *öffnete* die Tür und ging sofort in die Küche, um Kaffee zu *kochen*. Dann *begann* er mit den Hausaufgaben.«
Die Empfehlung wird falsch, wenn sie absolut gesetzt wird. Von einem Wechsel im Ausdruck ist dann abzuraten, wenn die Verwendung von Synonymen

a) das Verständnis eines Textes erschwert,
b) zu verbrauchten Bildern und Klischees führt,
c) den Sinngehalt eines Textes verändert.

a) Häufig erschweren Pronomen (Fürworter) das Verständnis eines Textes. Wolf Schneider macht das anschaulich deutlich am Beispiel eines Abschnitts aus dem Johannes-Evangelium. Dort heißt es: »Im Anfang war das Wort, und das Wort war

Gott, und Gott war das Wort.« Dreimal *Wort* und dreimal *war* in einem Satz! Das würde jeden Deutschlehrer zur Verzweiflung bringen. Doch dieser Satz ist verständlich – und sehr eindringlich. Das kann für folgende Umformulierung nicht gesagt werden: »Am Anfang war das Wort. Es befand sich bei Gott, und letzterer war identisch mit ersterem.« (Schneider 1985, S. 66)

Übung 10

Versuchen Sie bitte, folgendes Rätsel zu lösen, das durch persönliche Fürwörter entsteht:
Peter und Petra sind verheiratet. Er arbeitet als Verwaltungsfachkraft im Gesundheitswesen, sie ist Polizeichef von Hagen. Nach zwei Jahren Ehe brachte *er* eine Tochter zur Welt, dem *sie* ein liebevoller Vater war.
Des Rätsels Lösung: ______________________________

Die Auflösung: *Er* steht im letzten Satz für *Polizeichef*, *sie* steht für *Verwaltungsfachkraft*. Die Aufgabe ist, zugegeben, nicht sehr seriös. Sie soll verdeutlichen, dass ein Text schwer verständlich werden kann, wenn um jeden Preis Pronomen verwendet werden. Deshalb ist es besser, gelegentlich ein Wort zu wiederholen, als das Verständnis eines Textes durch Pronomen oder andere Synonyme zu erschweren.
Aus der Zeitung kennen Sie folgende Synonyme: *Berlin* steht für die Bundesregierung. *Washington* für die Regierung der USA. Solche Synonyme sind so lange kein Problem, wie sie allgemein verständlich sind. Aber wissen Sie, wofür

- State Department,
- Algier,
- Ballhausplatz,
- Daressalem

stehen?

Das State Department ist das amerikanische Außenministerium, Algier wird in Nachrichten als Synonym für die Regierung von Algerien verwandt (»in Algier wurde beschlossen«). Am Ballhausplatz in Wien ist der Sitz der Regierung von Österreich, und Daressalam ist die Hauptstadt von Tansania.
Wenn Sie nicht die Allgemeinbildung der Menschen testen wollen, verzichten Sie lieber auf solche und ähnliche Synonyme. Sie machen einen Text nicht besser. Synonyme haben häufig nur die Funktion, den Leserinnen und Lesern zu imponieren. Meine Empfehlung lautet dagegen: Beeindrucken Sie mit verständlichen (und interessanten) Texten. Wiederholen Sie ein Wort, wenn es dem Textverständnis dient.

b) Die zwanghafte Sucht nach Synonymen kann auch dazu führen, dass auf verbrauchte Bilder und Klischees zurückgegriffen wird:

- das Reh wird zum »Bambi«,
- der Elefant zum »Dickhäuter« oder »Jumbo«,
- Köln, Wien oder Frankfurt zur »Domstadt«, »Donaumetropole« bzw. »Mainmetropole«,
- ein Delfin heißt im zweiten Satz »Flipper«,
- aus dem Storch wird »Freund Adebar«,
- auf Kirche folgt »Gotteshaus«.

Und so geht es wenig originell weiter:

- Hase = »Meister Lampe«,
- Hund = »Vierbeiner«,
- Dackel = »Waldi«,
- Wildschwein = »Schwarzkittel«,
- Ägypten = »Nilland«.

Für diese Synonyme gilt das, worauf ich im Abschnitt über Bilder hingewiesen habe: Prüfen Sie, ob Ausdrücke wie *Vierbeiner, Domstadt* oder *Freund Adebar* einen Text wirklich verbessern. Wenn das nicht der Fall ist, verzichten Sie auf solche Synonyme.

c) Schließlich ist von Synonymen abzuraten, wenn Sie den Sinn des Textes verändern. Für manche Wörter gibt es keine Synonyme. »Er *kippte* das Bier hinunter, sagt etwas anderes als: »Er trank ein Bier«. Für Trinken gibt es keinen passenden Ersatz auf der *gleichen Stilebene*. *Regen* ist *Regen* (ein Oberbegriff). Sprühregen, Nieselregen, Platzregen, Schauer, Wolkenbruch usw. drücken eine jeweils *unterschiedliche Intensität* von Regen aus – sind also nicht synonym zu verwenden.

Übung 11

Suchen Sie ein Synonym für folgende Wörter:

Verzeichnis ______________________

Gesicht ______________________

Inhaber ______________________

Wind ______________________

Nebenverdienst ______________________

Meinen Kommentar finden Sie am Ende des Kapitels.

Zusammenfassung:
Vorsicht bei der Verwendung von Bildern und Synonymen!

Buch-Tipp:
Duden. Band 10: Das Bedeutungswörterbuch.

Übungs-Tipp:
Schmökern Sie eine halbe Stunde im Duden Band 8 (vgl. den Buch-Tipp auf der Seite 24) und Band 10, und machen Sie sich mit den beiden Nachschlagewerken vertraut.

5. Musterlösungen

Übung 1

- Eine Mehraufwendung an Mitteln ist erforderlich.
  Es müssen mehr Mittel eingesetzt werden.
- Die Unterbrechung des Autorennens erfolgte durch fünf betrunkene Männer.
  Fünf betrunkene Männer unterbrachen das Autorennen.
- Die Gruppe diskutierte die rechtliche Zulässigkeit einer zwangsweisen Einschränkung des Rauchens am Arbeitsplatz.
  Die Gruppe diskutierte, ob es rechtlich zulässig sei, das Rauchen am Arbeitsplatz durch Zwang einzuschränken.
- Ein Unterbleiben der Inangriffnahme des Projekts wird dem Unternehmer schaden.
  Es wird dem Unternehmen schaden, wenn es das Projekt nicht beginnt.
- Auf das Verbot der Inanspruchnahme des Parkplatzes haben wir hingewiesen.
  Wir haben darauf hingewiesen, dass es verboten ist, den Parkplatz zu benutzen.
- Die Lagerung des Falls ist eine verwickelte.
  Der Fall ist kompliziert. (*Lagerung* ist überflüssig.)

Übung 2

Bedeutung beimessen	beachten, wichtig nehmen
zum Vorwurf machen	vorwerfen
den Sieg davontragen	siegen, gewinnen
sie fand an ihm Gefallen	er gefiel ihr
in Abrede stellen	abstreiten
in Verlust geraten	verlieren
in Augenschein nehmen	betrachten, ansehen, untersuchen

Übung 3

- Die Regierung schenkt der Alterssicherung Beachtung.
  Die Regierung kümmert sich um die Alterssicherung.
- Die Oppositionsführerin stellte ihre politische Begabung unter Beweis.
  Die Oppositionsführerin bewies (demonstrierte) ihre politische Begabung.

- Das Ensemble brachte ein Drama zur Darstellung.
- Das Ensemble spielte (führte) ein Drama (auf).
- Über den Reaktorunfall wurde Stillschweigen gewahrt.
  Der Reaktorunfall wurde verschwiegen.
- Das Rauchen und Trinken führt in gesundheitlicher Hinsicht zu einer großen Beeinträchtigung.
  Rauchen und Trinken beeinträchtigt die (schadet der) Gesundheit.
- Die Polizei schlägt die Demonstranten in die Flucht.
  Die Polizei verjagt die Demonstranten.
- Als Frau wird man häufig vor die Notwendigkeit einer Entscheidung zwischen Kinderwunsch und Beruf gestellt.
  Frauen müssen häufig zwischen Kinderwunsch und Beruf entscheiden.
- Ein Verhältnis liegt im Falle der Weigerung eines Mannes und einer Frau vor, ihrer auch die sexuelle Intimität einbegreifende Beziehung eine öffentliche Rechtsform zu geben.
  »Ein Verhältnis liegt dann vor, wenn ein Mann und eine Frau sich weigern, ihrer auch die sexuelle Intimität einbegreifende Beziehung eine öffentliche Rechtsform zu geben.« – So lautet der § 2390 des neuen Katholischen Katechismus'.
  Mit *öffentlicher Rechtsform geben* ist schlicht heiraten gemeint. Eine *die sexuelle Intimität einbegreifende Beziehung* ist eine Beziehung, die Sexualität einschließt.
  Noch einmal: Ein Verhältnis liegt dann vor, wenn ein Mann und eine Frau miteinander schlafen und sich weigern zu heiraten.
- Erst kommt der Wald zu Tode, dann scheidet der Mensch aus dem Leben.
  Erst stirbt der Wald, dann stirbt der Mensch.

Übung 4

- Sie erlag ihren schweren Verletzungen
  Kann man an leichten Verletzungen sterben?
- In der beigefügten Anlage . . .
  Eine Anlage zu einem Schreiben ist immer *beigefügt* und *beigefügt* ein scheußliches Wort (vgl. Kapitel 6)
- lautes Geschrei
  Gibt es leises Geschrei?

- Nur ein verheiratetes Ehepaar war eingeladen.
  Ist Ihnen schon einmal ein unverheiratetes Ehepaar begegnet?
- schwere Verwüstungen
  Kennen Sie leichte Verwüstungen?
- gemeinschaftliches Zusammenwirken
  Können Sie sich ein Zusammenwirken ohne andere Menschen vorstellen?
- Sie staunten über die riesigen Wolkenkratzer
  Haben Sie schon einmal kleine Wolkenkratzer gesehen?
- steile Felswände
  Wenn Sie hier kein Kreuz gemacht haben, ist das nicht weiter schlimm, denn eine exakte Formulierung setzt Fachwissen voraus: Ist eine Wand nicht steil, spricht man von einem Hang. Die Eigenschaft »steil« ist in dem Hauptwort »Felswand« schon enthalten.
- Fleißige Hände regten sich, um die Vorbereitungen rechtzeitig abzuschließen.
  »Faule Hände« können sich nicht regen. Grundsätzlich: Menschen können fleißig sein. Hände können schmutzig oder sauber, groß oder klein, gepflegt oder ungepflegt usw. sein.
- restlos überzeugt
  Bin ich nicht »restlos« überzeugt, dann bin ich nicht überzeugt, sondern »meine«. Ein »bisschen überzeugt« gibt es ebensowenig wie ein »bisschen schwanger«.

Übung 5

Nur »schön« und »groß« können sinnvoll gesteigert werden.

Übung 6

In Ihrer Eigenschaft als Interessent für Kapitalanlagen sollten Sie bei Hinweglassung schwerwiegender Bedenken in Erwägung ziehen, ein Grundstück in ABC käuflich zu erwerben. Eine Herabminderung seines Wertes ist auch angesichts des Baus eines Kraftwerkes praktisch nicht zu erwarten. In ähnlich gelagerten Fällen hat sich mit Hilfe einer Einflussnahme seitens der Landesregierung unverhältnismäßig viel erreichen lassen.

- *in ihrer Eigenschaft* ist überflüssig,
- *bei Hinweglassung* lässt sich durch *ohne* ersetzen,

- *schwere Bedenken* wiegen auch schwer, es müssen keine *schwerwiegenden Bedenken* sein,
- für *in Erwägung* ziehen genügt *erwägen*,
- und für *käuflich erwerben* reicht *kaufen*,
- eine Minderung geht immer nach unten, man braucht also keine *Herabminderung*,
- *auch angesichts* – *trotz* tut es auch,
- *praktisch* kann gestrichen werden, das Wort ist überflüssig,
- *ähnlich gelagerte Fälle* sind schlicht *ähnliche Fälle*,
- *mit Hilfe einer Einflussnahme seitens* – entweder mit *Hilfe* oder *durch Einfluss*,
- wenn mit *unverhältnismäßig* mehr als *viel* gemeint sein sollte, dann kann man *sehr viel* schreiben.

Eine Neufassung, die sich eng an die Vorlage hält, liest sich so: Als Interessent für Kapitalanlagen sollten Sie ohne große Bedenken erwägen, ein Grundstück in ABC zu kaufen. Eine Wertminderung ist trotz des Baus eines Kraftwerkes nicht zu erwarten. In ähnlichen Fällen hat sich mit Hilfe der Landesregierung sehr viel erreichen lassen.
Kein eleganter aber ein lesbarer (und kürzerer) Text.

Übung 8

- In allen Veranstaltungen besteht für Jugendliche die Möglichkeit, sich mit der Suchtthematik auseinanderzusetzen und sich über Alternativen zum Suchtmittelgebrauch zu informieren.
  Können kann leicht *besteht die Möglichkeit* ersetzen.
  Aus dem *Thema* muss keine *Thematik* gemacht werden.
  Der *Suchtmittelgebrauch* ist auch als Wort scheußlich. Der *Gebrauch* kann ersatzlos gestrichen werden. Anschaulicher finde ich den Satz, wenn die Suchtmittel beim Namen genannt werden.
  In allen Veranstaltungen können sich Jugendliche mit dem Thema Sucht auseinandersetzen und sich über Alternativen zu Zigaretten, Alkohol, Haschisch und anderen Drogen informieren.
- Auch Eltern und anderen Bezugspersonen werden Informationen und Anregungen vermittelt, die einer möglichen Suchtentwicklung bereits frühzeitig entgegenwirken können.
  Mit *Eltern* und dem Wort *Bezugspersonen*, gegen das in der Welt der Pädagogen und Soziologinnen nichts einzuwenden ist, sind wohl Er-

wachsene gemeint. Statt *die einer* müsste es heißen: »wie sie einer ...«, denn nicht die Informationen, sondern die Erwachsenen können etwas tun gegen eine *mögliche Suchtentwicklung*, die wir auch im Satz verhindern:
Erwachsene erhalten Informationen und Anregungen, wie sie frühzeitig verhindern können, dass ihre Kinder süchtig werden.

- Die Bürger draußen im Lande, erklärte der Regierungssprecher, seien mit der Einkommensteuergesetznovellierung einverstanden. Die Regierung gehe davon aus, dass sich im kommenden Haushaltsjahr die Steuereinnahmen erhöhen.
  Draußen im Lande ist eine törichte Floskel, die ersatzlos gestrichen werden kann. Die *Novellierung des Gesetzes zur Einkommensteuer* ist zwar steifer Nominalstil, aber immer noch besser als *Einkommensteuergesetznovellierung. Davon ausgehen* ist eine modische Sprachschluderei, gemeint ist: *vermuten, erwarten* oder *voraussetzen.*
  Der Regierungssprecher erklärte, die Bürger seien mit der Novellierung des Gesetzes zur Einkommensteuer einverstanden. Die Regierung erwartet, dass sich im kommenden Haushaltsjahr die Steuereinnahmen erhöhen.

Übung 11

- Verzeichnis
  Aufstellung
- Gesicht
  Für Gesicht gibt es keinen passenden Ausdruck auf der gleichen Stilebene. *Fratze, Antlitz, Angesicht, Visage* oder *Fresse* bedeuten etwas anderes.
- Inhaber
  Eigentümer
- Wind
  Wind ist ein Oberbegriff, für den es kein Synonym gibt. *Sturm, Orkan, Wirbelwind, Brise (Durch-)Zug* drücken eine unterschiedliche Intensität von *Wind* aus.
- Nebenverdienst
  Zusatzverdienst, zusätzliche Einnahme, Nebeneinnahme

III. Lesefreundliche Sätze

Ich beginne mit einer Zumutung:

> »Je nachdrücklicher die Gefahren im Modernisierungsprozeß anwachsen, je offensichtlicher dabei Zentralwerte der Allgemeinheit bedroht sind und je deutlicher dies ins Bewußtsein aller tritt, desto tiefgreifender wird das eingespielte arbeitsteilige Macht- und Kompetenzgefüge im Verhältnis zwischen Wirtschaft, Politik und Öffentlichkeit erschüttert, und desto wahrscheinlicher ist es, daß unter dem Segel der drohenden Gefahr Verantwortlichkeiten umdefiniert, Handlungskompetenz zentralisiert und alle Einzelheiten des Modernisierungsprozesses mit bürokratischen Kontrollen und Planungen überzogen werden.« (Beck 1986, S. 104)

Alles klar? Vielleicht – beim zweiten oder dritten Lesen. Aber wer mag schon jeden Satz zwei- oder dreimal lesen? Ich vermute: Wenige haben dazu Zeit und Lust. Es empfiehlt sich daher, Wörter so zusammenzufügen, dass verständliche Sätze dabei herauskommen. Wie das geht, ist Thema dieses Kapitels.

1. Kurze oder lange Sätze?

»Kurze Sätze, bitte!« wird wahrscheinlich Ihre spontane Antwort lauten, wenn Sie sich durch das Satzmonster zu Beginn des Kapitels gequält haben. 68 Worte in einem Satz verschachtelt sind einfach zuviel. »Lange Sätze, bitte!« wird vielleicht Ihre Antwort lauten, wenn Sie sich an Ihren Deutschunterricht erinnern. Ich jedenfalls wurde belehrt, die mit großer Kunst geformten langen Sätze von Thomas Mann seien vorbildlich. Kurze oder lange Sätze?
Thomas Mann in allen Ehren, doch bei Sachtexten geht es nicht um Literatur. An erster Stelle steht das Kriterium *Verständlich-*

keit. Verständlichkeit ist zwar nicht alles, aber ohne Verständlichkeit ist alles nichts. Kurze Sätze sind meist verständlicher und lesen sich oft angenehmer als lange Sätze. Liegt also in der Kürze die Würze? Ja. Man kann allerdings zu viel des Guten tun. Ein Beispiel:

> »Man kann unsere Zeit die Zeit der Elektronik nennen. Besser noch: Die Zeit der Information. Noch nie war Information so wichtig. Wir leben in komplizierten Systemen. Nur ein Netz von Informationen hält diese Systeme zusammen. Der unmittelbare Kontakt wird seltener. Entfernungen spielen keine Rolle: Menschen müssen Informationen austauschen.« (Schirn 1970, S. 9)

Das sind verständliche Sätze. Doch wer mag einen längeren Text in diesem »Hackstil« lesen? Es ermüdet, wenn ein Minisatz dem anderen folgt. Aus der richtigen Einsicht, dass Schachtelsätze das Verständnis von Texten erschweren, wird hier die falsche Konsequenz gezogen, Hauptsatz an Hauptsatz zu reihen. Das Ergebnis ist ein schleppender »Asthmastil«. Es ist nichts gewonnen, wenn die Leserinnen und Leser zwar jeden Satz verstehen, aber nach dem fünften oder sechsten Minisatz gelangweilt den Text weglegen.
Ich bin sehr skeptisch gegenüber Aussagen über die »richtige« Satzlänge. Nicht jeder lange Satz ist unverständlich und nicht jeder kurze verständlich und informativ. »Lehrer wollen wieder streiken.« Ein typischer – kurzer – Satz aus der *Bildzeitung*. Reden die Lehrer nur über Streik? Oder haben sie beschlossen zu streiken? (Und: Was wollen die Lehrerinnen?) Ein kurzer, verständlicher Satz, der unvollständig informiert.
Besonders in der Werbung wird viel mit kurzen Sätzen gearbeitet:
»Otto? Find' ich gut!«,
»Hertie hat's«,
»Weiter so, Deutschland – CDU«,
»Coca Cola is it«.

Möchten Sie Berichte, Briefe oder andere längere Texte in diesem Stil lesen? Was halten Sie von folgendem Urlaubsgruß?

»Lieber Kurt,
Italien? Find' ich gut. Florenz hat's. Italienische Küche is it. Weiter so, Urlaub – Helga und Franz.«

Bleiben wir beim Urlaub. Ein Bericht über einen USA-Aufenthalt ist nicht sehr anschaulich, wenn er aus Sätzen wie den folgenden besteht: »Das Frühstück fanden wir nicht gut. Unser Mietwagen war sehr alt.« Um Farbe in diese Sätze zu bekommen, brauche ich ein paar Worte mehr. Ich beschreibe, was *nicht gut* war: Dünner Kaffee, trockene Hörnchen, ein kleines Stück Butter und ein Klecks Marmelade. Das nannten sie »Kontinentales Frühstück«.
Oder ich finde ein Bild für *alt*. »Der Mietwagen war wohl während Eisenhowers Präsidentschaft angeschafft worden.« In der Kürze liegt also nicht immer die Würze.
Ich musste mich als Kommunalpolitiker häufig mit Sätzen wie diesem herumschlagen: »Nach Art. 73 Abs. 2 VvB in Verbindung mit §§ 4 (1) und 12 des BezVG vom 13. 12. 1974 sind für die Haushaltsführung Haushaltspläne aufzustellen.« Ein Satz ohne jedes überflüssige Wort, kurz und korrekt. Aber nur für Eingeweihte verständlich. Nicht viel anders sehen Einkommensteuer-Bescheide, Schreiben von Gerichten, Arbeitsämtern und anderen Behörden aus. Die Absender schreiben so wenig wie möglich, um sich Arbeit zu sparen. Sie bürden die Arbeit lieber den Leserinnen und Lesern auf. Andere schreiben lange Sätze, weil sie sich nicht die Mühe machen wollen, einen Sachverhalt knapp und präzise auszudrücken. Wer sich keine Mühe gibt, schreibt weder mit langen noch mit kurzen Sätzen verständlich.

Kurze oder lange Sätze? Jeder Satz sollte das Ergebnis von Arbeit sein, Resultat der Überlegungen,

- ob bestimmte Wörter überflüssig sind oder nicht,
- ob ein Sachverhalt besser in zwei Sätzen als in einem Satz ausgedrückt werden kann.

Unter dieser Voraussetzung ist ausnahmsweise einmal der Mittelweg wirklich der »goldene«:
Wechseln Sie zwischen kürzeren und längeren Sätzen.

Übung 1

Bei der *Deutschen Presseagentur* gelten 20 Wörter als Obergrenze der erwünschten Satzlänge. In der *Bildzeitung* haben die Sätze durchschnittlich 12 Wörter. Im Folgenden sind einige Sätze angeführt, die zwar diesem Kürze-Ideal entsprechen, aber trotzdem missverständlich oder holprig sind. Formulieren Sie diese Sätze um.
An der dem Fenster gegenüberliegenden Wand hängt eine Kuckucksuhr.

Der von der vom rechten Flügel der Partei geäußerten Kritik unbelastete Parteichef reiste nach Paris.

Das Kind begleitete die Mutter gerne auf den Spielplatz.

Dieses von seinem Vater übernommene Minderwertigkeitsgefühl machte ihm 30 Jahre lang das Leben schwer.

Von den in Großstädten lebenden Menschen wird zu häufig für Kurzstrecken das Auto benutzt.

Meine Vorschläge finden Sie am Ende des Kapitels.

Übung 2

Kürzen Sie folgende Sätze:
Die gemachten Aussagen sind klar formuliert.

___

___

Zahlreiche Gründe sind die Ursachen der Arbeitslosigkeit in Europa.

___

»Zu den produktiven Fertigkeiten rechnen wir: Sprechen auf mündlicher Basis und Schreiben auf schriftlicher Basis.«

___

___

Wir sind in der Lage, Ihnen die bestellten Bücher zu liefern.

___

In ähnlich gelagerten Fällen wurde so verfahren.

___

Wir gewähren einen Rabatt in Höhe von zehn Prozent.

___

Der junge Mann konnte keinerlei finanzielle Mittel aufweisen.

___

Von der Kostenseite her gesehen ist dieses Forschungsprojekt zu teuer.

___

Meine Vorschläge stehen am Ende des Kapitels.

Zusammenfassung:
Der einzelne Satz sollte verständlich und der gesamte Text flüssig zu lesen sein. Packen Sie deshalb nicht zu viel in den Hauptsatz,

und fallen Sie nicht in einen Hackstil. Wechseln Sie zwischen mäßig kurzen und mäßig langen Sätzen.

Buch-Tipp:
Eine Empfehlung für das gesamte dritte Kapitel: Duden. Band 4: Die Grammatik (die Abschnitte über den Satzbau).

Übungs-Tipp:
Ob Sätze verständlich sind oder nicht, hängt auch von der Wortwahl ab. Blättern Sie zurück zum zweiten Kapitel, und lesen Sie nochmals die hervorgehobenen Empfehlungen.

2. Schachtelsätze vermeiden

Das Hauptübel vieler Sätze ist nicht ihre Länge, sondern die Bauweise. An erster Stelle auf der Problemskala steht der Schachtelsatz. Was ist das? »Ich sprang, als der Wecker klingelte, sofort aus dem Bett«, ist ein Schachtelsatz: Zwischen dem Hauptsatz (»ich sprang sofort aus dem Bett«) steht ein Nebensatz (»als der Wecker klingelte«). Eine »Schachtel« ist meist noch kein Problem. Auch dann noch nicht, wenn Satzgegenstand und Satzaussage getrennt werden: »Das *Lokal*, das an der Straße nach Offenbach liegt, *ist* im Winter *geschlossen.*«
Vielen ist allerdings eine Schachtel zu wenig: »Ich sprang, als der Wecker klingelte, den ich auf die Truhe gestellt hatte, sofort aus dem Bett.« Noch mehr Nebensätze zwischen dem Hauptsatz sind eine Zumutung: »Ich sprang, als der Wecker klingelte, den ich auf die Truhe gestellt hatte, die neben dem Eichenschrank steht, sofort aus dem Bett.«
Die Zumutung wird zur Katastrophe, wenn auch noch die Nebensätze verschachtelt werden: »Ich sprang, als der Wecker, den

ich auf die Truhe, die neben dem Eichenschrank steht, gestellt hatte, klingelte, sofort aus dem Bett.« Dabei ist dieser Satz mit 23 Wörtern nicht besonders lang. Es geht aber auch anders:

> »Der Stil nun, der Gefahr läuft, durch seine langen verwickelten Sätze selbst den gutmütigsten Leser zu verprellen, tatsächlich doch in seinem Aufbau die komplexe Struktur der sozialen Welt wiederzugeben sucht, und dies mittels einer Sprache, die Disparatestes zu einer – in sich zugleich durch seine rigorose Perspektive hierarchisierten – Einheit fügt, verdankt sich dem Willen, die traditionellen Formen des Ausdrucks aus Literatur, Philosophie und Wissenschaft soweit wie möglich auszuschöpfen, um auf diese Weise nicht nur Dinge zu Wort kommen zu lassen, die bislang daraus de facto oder de jure verbannt waren, sondern auch jedes Abgleiten der Lektüre in die Vereinfachung des weltläufigen Essayismus oder der politischen Polemik zu hintertreiben.« (Bourdieu 1982, S. 14)

Wie lautet der Hauptsatz, was ist die Hauptsache? Deshalb:

Vermeiden Sie Schachtelsätze

Wie lassen sich Schachtelsätze vermeiden? Eine erste Antwort lautet:

Nebensätze anhängen

Schreiben Sie nicht verschachtelt:
»Sie hatte, als der Bundeskanzler, der von seinem Staatsminister informiert worden war, eintraf, der Presse ihren Rücktritt bereits mitgeteilt.«

Hängen Sie die Nebensätze an den Hauptsatz:
»Sie hatte ihren Rücktritt der Presse bereits mitgeteilt (Hauptsatz), als der Kanzler eintraf (Nebensatz 1), der von seinem Staatsminister informiert worden war (Nebensatz 2).«
Mehr als zwei angehängte Nebensätze sollten Sie allerdings vermeiden, da sonst »Bandwurmsätze« entstehen: »Ich sprang sofort aus dem Bett, als der Wecker läutete, den ich auf die Truhe

gestellt hatte, die neben dem Eichenschrank steht.« Hier folgt nach dem Hauptsatz Nebensatz auf Nebensatz. Ein solcher Bandwurmsatz ist verständlicher als ein Schachtelsatz. Doch solche Nebensatzreihen wirken meist langweilig, besonders wenn alle Nebensätze mit rückbezüglichen Fürwörtern oder mit dass beginnen:

»Ich sprang sofort aus dem Bett, als der Wecker läutete, *den* ich auf die Truhe gestellt hatte, *die* neben dem Eichenschrank steht, *den* mir meine Mutter geschenkt hatte, *die* in der Möbelbranche arbeitet.«

»Sie sagte, dass sie sich dagegen wehren wird, dass ihr Fahrlehrer ständig darauf anspiele, dass sie . . .«

Übung 3

Formulieren Sie die folgenden Sätze so um, dass die Nebensätze nach dem Hauptsatz stehen.

Künftig können, wenn das aus Umweltschutzgründen notwendig sein sollte, die Bundesländer schon unterhalb der Smog-Schwelle Fahrverbote verhängen.

____

____

____

Wenn künftig lokal und regional Fahrverbote leichter verordnet werden können, sei ein stärkerer Trend zu schadstoffarmen Autos zu erwarten, erklärte der Umweltminister.

____

____

Meine Vorschläge finden Sie am Ende des Kapitels.

Schachtelsätze vermeiden Sie, zweitens, wenn Sie aus einem langen Satz

• **mehrere Sätze bilden**

Schreiben Sie nicht:
»Vor einer Fortsetzung der Diskussion über schwarz-grüne Bündnisse, die nach dem Erfolg von rot-grün bei den Landtagswahlen in Schleswig-Holstein, ausgelöst durch ein neues Buch des stellvertretenden Fraktionsvorsitzenden, in der Union wieder aufgekommen war, warnte auf einer Klausurtagung, die am Wochenende in der Nähe von Bonn stattfand, die CDU-Vorsitzende ihre Partei.« (1 Satz, 50 Wörter)
Flüssiger und verständlicher sind drei Sätze:
»Die CDU-Vorsitzende warnte am Wochenende auf einer Klausurtagung ihre Partei vor einer Fortsetzung der Diskussion über schwarz-grüne Bündnisse, die nach dem Erfolg von rot-grün bei den Landtagswahlen in Schleswig-Holstein wieder aufgekommen war. Ausgelöst hatte die Auseinandersetzung ein neues Buch des stellvertretenden Fraktionsvorsitzenden. Die Klausurtagung fand in der Nähe von Bonn statt.« (3 Sätze, 51 Wörter)

Schachtelsätze vermeiden Sie, drittens, wenn
• **die Satzaussage dicht beim Satzgegenstand** steht.

Beliebt sind dagegen Schachtelsätze wie dieser:
»Der DGB, der unter den Vorzeichen eines kontinuierlichen Rückganges der Mitgliederzahlen vor allen in den neuen Bundesländern und anhaltend hoher Arbeitslosigkeit trotz zunehmend voller Auftragsbücher in den meisten Branchen einen neuen Vorsitzenden – ein Mann musste es wieder sein – wählte, steht vor erheblichen finanziellen Problemen.«
Mark Twain kommentiert diese deutsche Unsitte so: »Wenn der deutsche Schriftsteller in einen Satz taucht, dann hat man ihn die längste Zeit gesehen, bis er auf der anderen Seite seines Ozeans wieder auftaucht mit seinem Verbum im Mund.«
Nicht nur deutsche Literaten stellen die Satzaussage gerne an das Satzende. Ein Blick in Zeitungen und Zeitschriften zeigt, dass auch viele Journalistinnen und Journalisten eine Vorliebe dafür

haben, erst nach über 30 Wörtern mit der Satzaussage herauszurücken. Verständlicher ist der Satz über den DGB, wenn er mit dem Satzgegenstand und der Satzaussage beginnt: »Der DGB steht vor erheblichen Problemen.« Jetzt kann man anhängen: ». . ., die Ergebnis eines kontinuierlichen Rückgangs der Mitgliederzahlen sind.« Nun beginnt ein neuer Satz, in dem über die weiteren Zusammenhänge und Faktoren informiert wird. Damit sind die ersten drei Empfehlungen berücksichtigt:

- aus einem langen Satz werden mehrere überschaubare Sätze gebildet,
- der Nebensatz (»die Ergebnis eines«) wird an den Hauptsatz (»Der DGB steht vor erheblichen finanziellen Problemen«) angehängt,
- der Satzgegenstand und die Satzaussage stehen dicht beieinander.

Man kann den Leserinnen und Lesern noch mehr zumuten als das, was Mark Twain als typisch deutschen Satzbau karikiert. Man kann im Hauptsatz Satzgegenstand und Satzaussage auseinaner reißen – und in eingeschobenen Nebensätzen. Ein gerne zitiertes (konstruiertes) Beispiel zeigt, wie das geht: »Derjenige, der den, der das Ortsschild, das auf der Straße, die zum Dorfplatz führt, steht, beschädigt hat, überführt, erhält eine Belohnung aus der Gemeindekasse.«

Übung 4

Schreiben Sie den letzten Satz so um, dass

1. der Hauptsatz am Anfang steht,
2. in den angehängten Nebensätzen Satzgegenstand und Satzaussage zusammenstehen.

Meinen Kommentar finden Sie am Ende des Kapitels.

Stellen Sie, viertens,

- **Satzgegenstand und Satzaussage an den Anfang des Satzes**

Schreiben sie nicht:
»Als eine Phase, ›die zur Schwächung des Gegners genutzt werden soll‹, wird, nach Darstellung der Illustrierten *Stern*, die sowjetische Politik der Koexistenz und Abrüstung, die sich unter Michail Gorbatschow durchgesetzt hat, vom Generalinspekteur der Bundeswehr, Dieter Wellershoff, beurteilt.«
Nach 32 Worten erfährt man in dieser Meldung, von wem die Rede ist. Der Herr Generalinspekteur muss, jedenfalls in diesem Satz, nach vorn:
»Der Generalinspekteur der Bundeswehr, Dieter Wellershoff, erklärte, die sowjetische Politik der Koexistenz und Abrüstung, die sich unter Michail Gorbatschow durchgesetzt hat, sei eine Phase, ›die zur Schwächung des Gegners genutzt werden soll‹. Das berichtet die Illustrierte *Stern.*«

Machen Sie sich zur Schreib-Maxime:

- **Zunächst Satzgegenstand und Satzaussage, dann alles weitere.**

Schreiben Sie nicht:
»Gestern Abend, der Regen hatte stark nachgelassen, die Arbeit, die bis zum Monatsende abgeliefert werden muss, war im Lauf des Tages fast fertig geworden, besuchte ich meine Eltern.«
Nennen Sie das Wichtigste zuerst:
»Gestern Abend besuchte ich meine Eltern.« Kommen Sie dann auf die näheren Umstände zu sprechen: »Tagsüber hatte ich die Arbeit fast abgeschlossen, die bis zum Monatsende abgeliefert werden muss. Als ich die Wohnung verließ, regnete es kaum noch.«

Übung 5

Schreiben Sie die folgenden Sätze so um, dass Satzgegenstand und Satzaussage möglichst dicht zusammen und am Anfang des Satzes stehen.
Ihre Kritik an Generalinspekteur Wellershoff, der mit einem »Leitfaden« zur politischen Bildung in der Truppe Aufsehen erregt hatte, bekräftigte gestern die SPD.

Wenn ein Verlag, der auf die Veröffentlichung marxistischer Literatur spezialisiert ist, eine Frauen-Krimi-Reihe herausgibt, verdient das Aufmerksamkeit. (Diesen Satz habe ich in einer Besprechung »verbrochen«.)

Meine Vorschläge finden Sie am Ende des Kapitels.

Die fünfte Empfehlung lautet:

- **die Trennung zusammengesetzter Verben vermeiden**

»Der DGB *führte*, unter reger Beteiligung der Einzelgewerkschaften und deutlich stärker als im letzten Jahr von der Presse beachtet, seinen nun schon zwar traditionellen, gleichwohl immer wieder abwechslungsreichen, Jugendkongress in Frankfurt, der Stadt der Banken, vom 12. bis 15. Juni *durch*.« Nach fast vierzig Wörtern erfahren die Lesenden, was der DGB *führte*. In der Zwischenzeit haben sie Zeit zu rätseln, ob der DGB vielleicht

- seine Mitglieder an der Nase herumführt,
- Gespräche fortführt,
- einen Streik durchführt.

Der erlösende zweite Teil des Verbs *führte* steht am Ende des Satzes. Bei solchen Sätzen sind die Lesenden häufig so intensiv

damit beschäftigt, den Hauptsatz zu identifizieren, dass sie den Sinn der Nebensätze nicht erfassen. Oder es entsteht ein falscher Zwischensinn:
»Der DGB schlug« (endlich wieder Kampfkraft!) »den Vorsitzenden der GEW als Kandidaten für den Rundfunkrat vor.«
»Der DGB versagte« (o weh!) »dem Vorschlag der Arbeitgeber die Zustimmung.«
Ich habe übertrieben, um das Problem zu verdeutlichen (nicht: Ich habe [was denn?] um das Problem zu verdeutlichen, übertrieben). Bei kurzen Sätzen entstehen keine Verständigungsschwierigkeiten, wenn zusammengesetzte Verben getrennt werden. Schwierig wird es bei folgendem Satz: »Vertreter der Bundesregierung *nehmen*, keineswegs freiwillig, sondern um ihr angeschlagenes Image aufzupolieren, was angesichts der bevorstehenden Landtagswahlen dringend geboten erscheint, nach langem Zögern, nun doch an der Tagung über alternative Energiequellen am kommenden Wochenende *teil.*«
Hier hilft ein anderes Verb weiter: »Vertreter der Bundesregierung *beteiligen* sich an der Tagung über alternative Energiequellen, die am kommenden Wochenende stattfindet. Die Regierung hatte lange gezögert . . « Statt »teilte . . . mit« können Sie *informierte* schreiben usw. Oft kann die Trennung zusammengesetzter Verben dadurch vermieden werden, dass keine Streckverben benutzt werden wie *Beachtung schenken, Anwendung finden* (vgl. S. 21).
Neben der Wortwahl gibt es folgende Möglichkeiten, die Klammer des Verbs (er schlug . . . vor, ich habe . . . geholfen) zu sprengen:

a) Machen Sie aus einem Schachtelsatz einen Hauptsatz mit einem angehängten Nebensatz. Nicht: »Künftig *können*, wenn das aus Umweltschutzgründen notwendig sein sollte, die Bundesländer schon unterhalb der Smog-Schwelle Fahrverbote *verhängen.*«
   Sondern: »Die Bundesländer *können* künftig schon unterhalb der Smog-Schwelle Fahrverbote *verhängen*, wenn das aus Gründen des Umweltschutzes notwendig sein sollte.«

b) Machen Sie den Satz durch einen Doppelpunkt übersichtlicher. Nicht: »Bei Problemen können die Vertrauenslehrerin, die Klassensprecherin, die Schülermitverwaltung, die Rektorin, der Schulpsychologische Dienst oder die Sozialpädagogen angesprochen werden.«
Sondern: »Bei Problemen können angesprochen werden: die Vertrauenslehrerin . . .«
c) Stellen Sie bei Aufzählungen das Verb hinter das erste Glied der Aufzählung.
Nicht: »Herr Kahl wird durch Frau Hentschel, Herr Blohm durch Frau Klein, Herr Scholz durch Frau Arkenstette ersetzt.«
Sondern: »Herr Kahl wird durch Frau Hentschel ersetzt, Herr Blohm durch . . .«

Übung 6

Verändern Sie die folgenden Sätze. Versuchen Sie so zu formulieren, dass die Umklammerung von Satzteilen durch das Verb vermieden wird.
Christiane will, teilte sie meinem Bruder mit, am Sonntag kommen.

____

Die Staatsanwaltschaft schenkte den Hinweisen, die sie von Mitgliedern der Opposition erhalten hatte, keine Beachtung.

____

____

Für die Katastrophenhilfe sind in unserem Landkreis das Technische Hilfswerk, das Deutsche Rote Kreuz, die Feuerwehr, die freiwillige Feuerwehr und die Polizei zuständig.

____

____

In dem mit knapper Mehrheit angenommenen Abschnitt der Koalitionsvereinbarungen über die Hochschulpolitik werden die Wiederherstellung der Einheit von Forschung und Lehre und die Mitbestimmung der Studierenden als Hauptziele genannt.

____

____

Herr Mester wird auf der Jahresversammlung über den Außendienst, Frau Krieger über die EDV-Abteilung, Frau Neumann über die Verwaltung und Herr Münz über die Ertragslage berichten.

____

____

Meine Vorschläge finden Sie am Ende des Kapitels.

Die letzte Empfehlung zum Thema Schachtelsatz lautet:
- **die Hauptsache in den Hauptsatz**

Was ist in den folgenden Sätzen die Hauptsache?

»Die SPD, die einen überraschenden Wahlsieg errungen hatte, veranstaltete eine Dampferfahrt auf dem Rhein.«
»Die Delegierten der Grünen, die auf ihrer Bundeskonferenz die Flügelkämpfe beigelegt hatten, essen gerne Müsli.«
Ich meine, ein Wahlsieg ist wichtiger als eine Dampferfahrt, und das Ende von Flügelkämpfen ist bedeutender als die Vorliebe für Müsli. Deshalb gehören diese Fakten in den Hauptsatz:
»Die SPD erzielte einen überraschenden Wahlerfolg« (Hauptsatz), »den sie mit einer Dampferfahrt auf dem Rhein feierte« (Nebensatz). Oder: »Die SPD erzielte einen überraschenden Wahlerfolg. Sie feierte ihren Sieg mit einer Dampferfahrt auf dem Rhein.«
»Die Delegierten der Grünen beendeten auf ihrer Bundeskonferenz die Auseinandersetzungen zwischen den verschiedenen Parteiflügeln.«

Es mag sein, dass es wichtig ist, dass Grüne gerne Müsli essen. Wenn das die Hauptsache ist, gibt es keinen Grund, in einem eingeschobenen Nebensatz die Flügelkämpfe zu erwähnen.
Ich muss mir also klarmachen, was ist das Wichtigste? Ich muss mir überlegen, was ist die Hauptsache? Das Wichtigste, die Hauptsache, kommt in den Hauptsatz. Das mag banal klingen. Ein Blick in die Zeitung zeigt, dass solche Überlegungen häufig nicht angestellt werden:
»Das Ergebnis der Landtagswahl, das durch eine niedrige Wahlbeteiligung, Verluste der CDU und der Grünen, deutliche Gewinne der SPD und eine Stabilisierung der FDP gekennzeichnet ist, wirft Fragen auf.«
Der Hauptsatz lautet: »Das Ergebnis der Landtagswahl wirft Fragen auf.« Das ist eine banale Feststellung. Interessant sind die Informationen im Nebensatz. Interessant könnte auch sein, *welche* Fragen *sich* aus dem Wahlergebnis *ergeben* (ein Ergebnis kann nichts tun – auch keine Fragen aufwerfen). In jedem Fall muss der Satz aufgelöst und die Hauptsache in Hauptsätze gepackt werden:
»Bei der Landtagswahl war die Wahlbeteiligung niedrig. CDU und Grüne verloren Stimmen, die SPD erzielte deutliche Gewinne und die FDP stabilisierte sich. Die Grünen müssen sich angesichts ihrer anhaltenden Stimmenverluste fragen, ...« Oder:
»Bei der Landtagswahl war die Wahlbeteiligung niedrig. CDU und Grüne verloren Stimmen, die SPD erzielte deutliche Gewinne und die FDP stabilisierte sich. Aus diesem Ergebnis ergeben sich drei Fragen: ...«
Überlegen Sie vor dem Schreiben: Was ist die Hauptsache? Wenn Sie diese Hauptsache in einem zusammenhängenden Hauptsatz ausdrücken – dann erledigen sich viele Probleme mit Schachtelsätzen fast von selbst. Probieren Sie das einmal aus in

Übung 7

Drücken Sie das Wichtigste im Hauptsatz aus.
Die Rednerin, die in ihrem Referat über Fragen einer zukunftsorientierten Gewerkschaftspolitik sprach, kam aus Regensburg.

____

____

Die Frage, ob die Rentenreform nicht nur finanzpolitisch machbar, sondern auch sozialpolitisch akzeptabel ist, wird in den großen Parteien nur am Rande diskutiert.

____

____

Wir gingen, obwohl wir das nicht notwendig fanden, zu einer Rechtsanwältin, die zu unserer Bestürzung erklärte, dass wir keine Chance hätten, den Rechtsstreit zu gewinnen.

____

____

Der Bundespräsident, der am 1. September, um ein politisches Zeichen zu setzen, nach Polen fahren will, trug heute einen dunkelblauen Zweireiher.

____

____

Meine Vorschläge finden Sie am Kapitelende.

Zusammenfassung.
Die Hauptaussage gehört in den Hauptsatz und das Wichtigste an den Anfang eines Satzes. Vermeiden Sie Schachtelsätze (und Bandwurmsätze).

Übungs-Tipp:
Nehmen Sie sich eine Meldung im Politikteil Ihrer Tageszeitung vor und überprüfen Sie, ob das Wichtigste im Hauptsatz steht oder in Nebensätzen versteckt wird.

3. Aktiv und positiv schreiben

Aktiv

Sie kennen folgende Formulierungen aus der Tagespresse:
»In Berlin wird darauf hingewiesen, dass . . .«
»In Regierungskreisen wird davon gesprochen, dass . . .«
»In gewöhnlich gut unterrichteten Kreisen wird davon ausgegangen, dass . . .«

Journalisten benutzen das Passiv (die Leideform), wenn sie ihre Informationsquellen verschweigen wollen. Wenn *Sie* nichts zu verheimlichen haben, schreiben Sie im Aktiv. Ihre Sätze werden lebendiger, und Sie erleichtern es den Leserinnen und Lesern, Ihre Berichte oder Briefe zu verstehen.

Schreiben Sie nicht:
»Die Verschiebung der Arbeitszeitverkürzung auf die nächste Tarifrunde ist von den Vertrauensleuten bei *Opel* kritisiert worden.«

Sondern:
»Die Vertrauensleute bei *Opel* kritisierten, dass . . .«

Der Nebensatz bleibt im Passiv (»die Arbeitszeitverkürzung auf die nächste Tarifrunde verschoben wurde«), wenn die Verantwortlichen nicht genannt werden. Eine Aktivkonstruktion ist möglich, wenn Ross und Reiter genannt werden: ». . ., dass die Tarifkommission den Vorschlag der Unternehmer akzeptierte, die Arbeitszeit erst in der nächsten Tarifrunde zu reduzieren.«

Das Beispiel zeigt, dass hier inhaltliche Fragen und Stilfragen verknüpft sind. Das ist häufig der Fall. Man kann in einem Brief zurückhaltend reklamieren: »Die Ware wurde nicht termingerecht geliefert.« Und man kann selbstbewusst beanstanden: »*Sie* haben die Ware nicht rechtzeitig geliefert.« Man kann in einer Stellungnahme schreiben: »Es ist davon auszugehen, dass ...« Und man kann selbstbewusst formulieren: »*Ich meine*, dass ...«

Die Leideform ist angebracht, wenn
- tatsächlich ein Erleiden ausgedrückt werden soll: »Ich wurde im Urlaub von Mücken gequält.«
- niemanden interessiert, wer die handelnde Person ist: »Das Schwimmbad wird im Sommer um acht Uhr geöffnet.«
- ein Handlungsträger fehlt: »In der Geschäftsordnung ist vorgesehen, dass ...« Die Geschäftsordnung kann nichts vorsehen, sondern nur die, die die Geschäftsordnung gemacht haben (schreiben Sie deshalb nicht: »Die Geschäftsordnung sieht vor, dass ...«).

Positiv

»Positiv« schreiben meint nicht, Missfallen über kritikwürdige Dinge oder Vorgänge nicht zu formulieren, und ebenso wenig, nur Gutes zu schreiben, sondern Verneinungen zu vermeiden. Haben Sie den Satz auf Anhieb verstanden? Wenn ja, sind Sie eine Ausnahme. Die meisten Menschen stolpern über Sätze, in denen sich Verneinungen häufen. Im Absatz zuvor sind es drei:
- meint *nicht*,
- *nicht* zu formulieren,
- ebenso wenig (= auch nicht)

Noch einmal: »Positiv« schreiben meint, Verneinungen zu vermeiden. Es meint nicht, nur Gutes zu schreiben und sein Missfallen über kritikwürdige Dinge oder Vorgänge zu unterdrücken.

Eine Verneinung ist kein Problem. Allerdings ist sie oft überflüssig (statt: Oft ist sie allerdings nicht erforderlich). Sie sparen Wörter, wenn Sie Verneinungen vermeiden:

- »Trotzdem fiel die Fahrprüfung nicht aus« (6 Wörter).
- »Trotzdem fand die Fahrprüfung statt« (5 Wörter).
- »Er sagte nicht ab« (4).
- »Er sagte zu« (3).

Eine Verneinung ist kein Problem. Die doppelten Verneinungen macht vielen Schwierigkeiten, die dreifache Verneinung ist eine Katastrophe. Doch bleiben wir bei der doppelten Verneinung:

- »Es ist so unüblich nicht«, also: üblich.
- »Unter den vier Fraktionen ist keine, die nicht koalitionsfähig wäre«, also: alle vier Fraktionen sind koalitionsfähig.

Zwei Verneinungen heben einander auf, ergeben eine Bejahung. Diese logische Konstruktion hilft nicht immer weiter. Wie lautet zum Beispiel die Bejahung folgender Verneinung? »Wer nicht rechts wählen will, darf nicht ABC wählen.« Gemeint ist: »Wer ABC wählt, wählt rechts.« Und wer versteht, was gemeint ist, wenn wider Willen Nonsens geschrieben wird: »Zur Strafe wurde ihm verboten, sechs Wochen kein Moped zu fahren.« Wie interpretieren Sie folgenden Satz: »Meyer ist nicht unvermögend.« Verfügt Meyer über mäßigen Reichtum? Oder ist »nicht unvermögend« eine ironische Untertreibung?
Manche scheinen zudem nicht zu wissen, dass in zahlreichen Wörtern bereits eine Verneinung steckt. Sie rufen dann zum Boykott *gegen* Früchte aus einem bestimmten Land auf (statt *von* oder *der*). Oder Sie beklagen einen *miss*glückten *Fehl*start. Es ist also leicht (so schwer nicht), sich und andere mit Verneinungen unglücklich zu machen. Überlegen Sie deshalb lieber zweimal, bevor Sie »negativ« formulieren.

Übung 8

Formulieren Sie folgende Sätze aktiv bzw. »positiv«.
Bei der Verhandlung konnten sich die Befürworter eines Verbots von Studiengebühren nicht durchsetzen.

____

____

Den Schülerinnen und Schülern wurde vom Klassenlehrer verboten, die Ausstellung über Aktmalerei während des Unterrichts zu besuchen.

____

Ich hoffe nicht, dass Schulz nicht kommt.

____

In den Tarifverhandlungen wurde ein Fortschritt nicht erzielt.

____

Vergleichen Sie Ihre Formulierungen mit den Musterlösungen am Ende des Kapitels.

Zusammenfassung:
Im Aktiv schreiben, Verneinungen vermeiden.

Übungs-Tipp:
Aktiv schreiben: Lesen Sie nochmals die ersten vier Seiten des Abschnitts »Verben, Verben, nochmals Verben«.
Positiv schreiben: Achten Sie einmal in der Umgangssprache auf doppelte Verneinungen, die keine Bejahung bedeuten. Meine Nachbarin, eine waschechte Berlinerin, klagte stets: »Ick habe keen Jeld nich« – und sie war wirklich knapp bei Kasse.

4. Einfach und verständlich schreiben: Umgangssprache und Grammatik – und ein bisschen Polemik

In vielen Stil-Ratgebern wird der Satz des Schriftstellers Jean Paul zitiert: »Die Probe der Güte ist, daß der Leser nicht zurückzulesen hat.« Die Stil-Experten, die diesen Satz anführen, geben sich »volksfreundlich«. Sie klagen über Soziologen, Pädagogen und Psychologen, die »auf Kriegsfuß mit der Sprache« stehen (so der pensionierte Gymnasiallehrer Lobentanzer). Sie beschweren sich über komplizierte Sätze. Einige heben die *Bildzeitung* als Vorbild für »knappe und konkrete« Sätze hervor (zum Beispiel Rauter; bei Wolf wird aus »knapp und konkret« sogar »knapp und korrekt«).

Der Verweis auf *Bild* sollte misstrauisch stimmen. Auch ich habe für verständliche Sätze (und Wörter) plädiert – aber nicht im Sinne der *Bildzeitung*. Ich meine: Texte sollten der Leserin nicht alles vorkauen (Umgangssprache – siehe unten). Texte sollten dem Leser das Denken nicht abnehmen, sondern zum Denken anregen. Wer Texte schreibt, sollte die Lesenden ernst nehmen – und das heißt: ihnen Denkfähigkeit unterstellen. Einfach und verständlich schreiben meint:

- einen Satz nicht *unnötig* kompliziert schreiben,
- das Verständnis einer schwierigen Materie nicht *zusätzlich* durch Satz-Ungetüme erschweren,
- Fremd- und Fachwörter nicht auch noch in *Schachtelsätze* packen.

Verstehen ist nicht identisch mit wohl fühlen. Leser der *Bildzeitung*, Leserinnen der Regenbogenpresse fühlen sich wohl in »ihrem« Blatt. Ich bezweifle, dass sie aufgrund der Lektüre dieser Blätter etwas *verstehen*, zum Beispiel über gesellschaftliche Zusammenhänge.

Die Aufforderung: »schreib' einfach (verständlich)« ist richtig,

wenn damit ein Appell gegen die Denkfaulheit gemeint ist, die meist die Ursache für unnötig komplizierte Sätze ist. Die Aufforderung ist falsch, wenn sie bedeutet, den Lesenden nur noch leicht verdauliche Koste zu bieten.
Das ist das Rezept von Hans Lobentanzer. Er macht in »Deutsch muß nicht schwer sein« unter anderem folgenden Vorschlag für verständliche Sätze:

Original:
»Repressives Verhalten der Autoritätsperson unterdrückt die Funktionslust und führt zu Frustration und Aggression.«

Verbesserung:
»Sind die Eltern oder Lehrer zu streng, so werden die Kinder lustlos und widerspenstig.« (1986, S. 143)

Der erste Satz ist mit Fremdwörtern überladen. Die »Verbesserung« ist sicher leicht zu verstehen. Doch sie ist keineswegs eine verständliche »Übersetzung« des Originals.

- Im Original ist nicht von Eltern, Lehrern oder Kindern die Rede. Die Aussage wird zwar anschaulicher, wenn konkrete Autoritäten genannt werden, aber sie wird auch verändert: Es gibt mehr Autoritätspersonen als Eltern und Lehrer. Im Original wird nicht gesagt, dass nur Kinder mit Frustration etc. auf repressives Verhalten reagieren.
- »Repressives Verhalten *unterdrückt* die Funktionslust. Das heißt aber noch lange nicht, dass die Unterdrückten »lustlos« werden. Und: »repressiv« ist nicht identisch mit »streng«, »aggressiv« ist nicht dasselbe wie »widerspenstig« (ich kann widerspenstig sein, ohne aggressiv zu sein) usw.

Lobentanzer »verschlimmbessert«. Die Urfassung ist schwer verständlich. Es erfordert Arbeit, aus ihr einen akzeptablen Satz zu machen. Doch mit Vereinfachungen nach dem Muster von Lobentanzer ist niemandem gedient. Sie sind schlicht Quatsch.
Einfache Sätze und bekannte Wörter erleichtern das Verständnis.

Aufmerksamkeit weckt ein Text, der die Erwartung der Leserinnen und Leser *in Maßen* irritiert. Zum wirklichen Verständnis eines Sachverhalts kann er führen, wenn er vom Verstand der Lesenden eine *mäßige* Anspannung fordert.
Die Ziele,
- leicht verständlich schreiben,
- umfassend informieren und
- Aufmerksamkeit wecken,
- zum Nachdenken anregen,

können in Widerspruch geraten. Auf welche Seite des Widerspruchs ich mich schlage, hängt vom *Schreibanlass* ab (der von vielen Stil-Experten nicht berücksichtigt wird). Ich erwarte von einer Bedienungsanleitung keine Anregungen zum Nachdenken, sondern leicht verständliche Handlungsanweisungen. Ich will auch nicht umfassend über Fernmeldetechnik informiert werden, wenn ich wissen will, was ich tun muss, um alle Fernsehprogramme störungsfrei zu empfangen. Einen Kommentar, der mich nicht zum Nachdenken anregt, lese ich nicht zu Ende. Ein Sachbuch, das nicht gründlich informiert, lege ich aus der Hand.

Die Verfechter verständlicher Sätze, die Kämpfer gegen »Soziologendeutsch«, die Verteidiger des »kleinen Mannes« auf dem Feld des geschriebenen Wortes können sehr elitär werden, wenn es um Grammatik geht:
»Es war schon immer so, daß Feinheiten oder zusätzliche Verfeinerungen der Grammatik nicht von Landarbeitern und Halbwüchsigen ersonnen oder hochgehalten wurden, sondern von Dichtern, Mönchen und Lehrern.« (Schneider 1985, S. 197)
Sie fahren, obwohl sie energisch für »das deutsche Wort« plädieren, ihren beeindruckenden Fremdwort-Vorrat auf:
»Daß die Apposition im selben Kasus steht wie das Substantiv, auf das sie sich bezieht, scheint die schwierigste Regel der Grammatik zu sein.«

Viele nehmen bei der »Deklination ... die Hürde des Genetivs und des Dativs nicht; zu schweigen vom Kasus der Apposition« (Schneider 1985, S. 200 f.).
Die Autoren haben Recht (in ihrer Schreibweise: Das ist vortrefflich bemerkt und schwer zu negieren). Nicht korrekt ist: »Nach Auskunft *von* Peter Müller, *des* Vorsitzenden .. « und »Nach Auskunft Peter *Müllers, dem* Vorsitzenden ...«

Korrekt ist:
»Nach Auskunft *von* Peter Müller, *dem* Vorsitzenden ...« und »Nach Auskunft Peter Müllers, des Vorsitzenden ...«

Die Beifügung (Vorsitzender) muss im selben Fall stehen wie das Hauptwort (Peter Müller), auf das sie sich bezieht. Das Problem erledigt sich übrigens, wenn Petra Müller Vorsitzende wird. Dann heißt es beide Mal: *der* Vorsitzenden.
Wählen Sie also den richtigen Fall, und achten Sie auf die richtige Zeitform in den Nebensätzen. Das schützt vor Missverständnissen, und *deshalb* ist korrekte Grammatik nützlich. In Zweifelsfällen können Sie im Duden (Band 4) nachschlagen. Lassen Sie sich aber von Reinheits-Aposteln nicht vom Schreiben abhalten, wenn Sie in der Grammatik nicht ganz sattelfest sind. Grammatik ist nur ein Mittel zum Zweck, kein Selbstzweck (allenfalls für Stil-Ratgeber).

In einer anderen Frage gehen die Meinungen der Stil-Experten auseinander: Soll man schreiben, wie man spricht? Bei Ludwig Reiners, dem Verfasser der »Stilfibel« und der »Stilkunst«, lautet eine Hauptregel: »Schreibe, wie du sprichst.« Andere raten eindringlich davon ab, umgangssprachlich zu schreiben. Ich meine, die Frage kann nicht eindeutig mit Ja oder Nein beantwortet werden. Zunächst ist nach dem *Schreibanlass* zu fragen. In einem Geschäftsbrief werden Sie nicht schreiben, dass Sie es »echt spitze« fänden, wenn Ihr Geschäftspartner trotz einer Lieferungsverzögerung »cool« bliebe. Außer dem Schreibanlass sind also auch die *Adressaten* zu berücksichtigen, an die sich ein Brief oder ein anderer Text richtet.

Die Entscheidung, ob man schreiben soll, wie man spricht, hängt auch davon ab, was man unter Umgangssprache und was unter Hochdeutsch versteht. Viele meinen, Hochdeutsch zu schreiben, wenn sie geschraubt und gestelzt formulieren – und die Leserinnen und Leser mit »Bürokraten- oder Blähdeutsch« belästigen. Solchem »Papierdeutsch« ziehe ich die Umgangssprache vor. Gegenüber Schachtelsätzen wie: »Ich werde, wenn ich Zeit habe und die Autobahn nicht verschneit ist, morgen kommen« bevorzuge ich die klare Abfolge der Umgangssprache: »Ich komme morgen, wenn . . .«

Allerdings ist die Umgangssprache nicht ohne Tücken: Einerseits neigen viele zur Weitschweifigkeit. Andererseits werden Zusammenhänge nicht erläutert, weil sie in der Situation den Beteiligten vor Augen (oder in den Ohren) sind. Beim Schreiben kann das zum Problem werden. Weitschweifigkeit langweilt die Leserin. Der Leser, der an einem Vorgang nicht beteiligt war, versteht nichts, wenn der Zusammenhang nicht angemessen erläutert wird.

Für die Umgangssprache spricht, dass sie oft sehr anschaulich und »deftig« ist. Doch sie bleibt nicht unberührt vom Papier- und Vernebelungsdeutsch, das die Medien täglich bringen. Viele *meinen* oder *denken* nicht mehr, sondern »gehen davon aus«, viele wollen nicht mehr *später antworten*, sondern »werden zu gegebener Zeit darauf zurückkommen.

Zur Umgangssprache gehören schließlich Füll- oder Flickwörter wie »irgendwie«, »irgendwo«, »oder so«, die in einem Text stören. Mit dieser Feststellung soll nicht gesagt werden, es gäbe verbindliche Kriterien, welche Wörter überflüssig sind. »Irgendwie« bedeutet in der Umgangssprache: Man kann (oder will) etwas nicht genauer beschreiben oder erklären. Im Gespräch können wir nachfragen, was mit »irgendwie« gemeint ist. Bei Texten können wir das nicht. Deshalb sollte beim Schreiben die-

ses »irgendwie« präzisiert werden. Oft hat in der Umgangssprache »irgendwie« überhaupt keine Bedeutung mehr, wird unbewusst gesagt. Wörter ohne Bedeutung gehören nicht in einen Text. Wenn ich einen Text lese, kann ich erwarten, dass die Schreiberin oder der Schreiber vorher nachgedacht hat und überflüssige Wörter streicht. Es ist also abzuwägen, ob ein Wort einen Satz unnötig aufbläht oder nicht.
Stil-Puristen machen es sich einfacher. Sie erstellen Listen mit überflüssigen Füll- und Flickwörtern von »aber« über »freilich«, »wohl« bis »zweifelsohne«. Wolf Schneider hat eine solche »Verbotsliste« mit über 200 Wörtern zusammengestellt (1985, S. 120–122) – und schreibt an anderer Stelle: »So bleibt *wohl* der fruchtbarste Rat, ... sich die richtigen Muster und Meister wählen. Was *freilich* das Problem mit den ›richtigen‹ vor uns auftürmt.« (S. 176) Hier hat er geschlampt, der gute Mann: Er relativiert mit *wohl* und *freilich* seine Aussagen. Ich habe nicht aus Prinzip etwas gegen *wohl* und *freilich*, *wohl* aber dann, wenn die beiden Wörter, wie bei Wolf, an die Stelle präziser Einschränkungen treten. Ich halte nichts davon, kategorisch von Füllwörtern abzuraten. Nehmen wir zum Beispiel aus Wolfs Liste das Wort *vollends*. »Meyer trat nach den Wahlen *vollends* aus dem Schatten des Kanzlers«. Ist *vollends* wirklich überflüssig? Oder drückt es aus, dass ein Prozess abgeschlossen ist, dass Meyer schrittweise aus dem Schatten des Kanzlers herausgetreten ist?
Zurück zur Frage: Soll man schreiben, wie man spricht? Meine Antwort: Ja, wenn dadurch der Text gewinnt. *Ob* er besser wird, ist im Einzelfall zu entscheiden. (Sie können das meist nicht alleine entscheiden, wenn Sie Ihre Texte Lehrerinnen, Professoren, Vorgesetzten usw. vorlegen müssen, wenn Ihre Texte benotet bzw. bewertet werden.)

Einig sind sich die Stil-Experten darin, dass man nicht zwischen Hochdeutsch und Umgangssprache wechseln darf. Für Professor Mackensen ist es »noch schlimmer« als »gefährlich« (was immer

das sein mag), wenn man »beim Schreiben unversehens die einmal gewählte Stilebene« verlässt (1985, S. 123).
In dieser Übertreibung steckt ein rationaler Kern: Wenn Sie zwischen Schrift- und Umgangssprache wechseln, sollten Sie das bewusst tun und nicht »unversehens« in einem anderen Stil schreiben. Ein Stilwechsel kann eine gelungene Stilmischung ergeben. Sie können einen Sachbericht oder Fachaufsatz mit einer plastischen Schilderung eines Ereignisses beginnen und dann die Stilebene wechseln, zum sachlichen Bericht oder zur Analyse übergehen. Es gilt also auch in dieser Frage: Die Entscheidung hängt davon ab, aus welchem Anlass und mit welchem Ziel ich etwas schreibe.
Es gibt nur eine verbindliche Regel: Ein Stilwechsel sollte nicht zu Missverständnissen führen. Missverständnisse können entstehen, wenn

- nicht deutlich wird, ob ein Sachverhalt beurteilt oder geschildert wird, ob eine Meinungsäußerung kommentiert oder referiert wird;
- unvermittelt ein neuer Berichterstatter im Text auftaucht, zwischen ich, wir, Zeugen usw. gewechselt wird, ohne dies deutlich zu machen;
- sich Wechsel in der Zeit einschleichen, so dass die Leserin und der Leser nicht mehr wissen, was war vorher und was nachher.

Wiederum: Solche Wechsel sind nicht »verboten«. Sie sollten Ihnen allerdings nicht unbemerkt unterlaufen. Stilwechsel können, mit Sorgfalt eingesetzt, einen Text beleben.

Zusammenfassung:
Es gibt kein Patentrezept, sondern nur Anhaltspunkte für gutes Schreiben.

5. Musterlösungen

Übung 1

- An der dem Fenster gegenüberliegenden Wand hängt eine Kuckucksuhr.
  An der Wand gegenüber dem Fenster hängt eine Kuckucksuhr.
- Der von der vom rechten Flügel der Partei geäußerten Kritik unbelastete Parteichef reiste nach Paris.
  Diese Klemmkonstruktion, in der die Satzaussage (reiste nach Paris) am Ende steht, muss aufgelöst werden. Vor allem muss klarwerden, was das wirklich Wichtige ist. Ist es die Reise nach Paris oder die Tatsache, dass die Kritik den Parteichef nicht belastet? Und: Kümmert sich der Parteichef nicht um die Kritik? Oder wird er nicht kritisiert? Der Parteichef reiste unbelastet nach Paris. Ihm galt nicht die Kritik, die der rechte Parteiflügel geäußert hatte. Oder: Der Parteichef reiste unbelastet nach Paris. Er kümmerte sich nicht um die Kritik, die der rechte Parteiflügel geäußert hatte.
- Das Kind begleitete die Mutter gerne auf den Spielplatz.
  Das Subjekt (die Mutter) gehört an den Anfang des Satzes:
  Die Mutter begleitete das Kind gerne auf den Spielplatz.
- Dieses von seinem Vater übernommene Minderwertigkeitsgefühl machte ihm 30 Jahre lang das Leben schwer.
  Der Hauptsatz ist zu voll gepackt. Hier hilft ein Nebensatz:
  Das Minderwertigkeitsgefühl, das er von seinem Vater übernommen hatte, machte ihm 30 Jahre lang das Leben schwer.
- Von den in Großstädten lebenden Menschen wird zu häufig für Kurzstrecken das Auto benutzt.
  Auch dieser Hauptsatz gewinnt durch einen Nebensatz:
  Die Menschen, die in Großstädten leben, benutzen ihr Auto zu häufig für Kurzstrecken.
  Oder gekürzt:
  Großstädter benutzen ihr Auto zu häufig für Kurzstrecken.

Übung 2

- Die gemachten Aussagen sind klar formuliert.
  Die Aussagen sind klar formuliert.

- Zahlreiche Gründe sind die Ursachen der Arbeitslosigkeit in Europa.
  Die Arbeitslosigkeit in Europa hat zahlreiche Ursachen.
- »Zu den produktiven Fertigkeiten rechnen wir: Sprechen auf mündlicher Basis und Schreiben auf schriftlicher Basis.«
  Zu den produktiven Fertigkeiten rechnen wir Sprechen und Schreiben.
- Wir sind in der Lage, Ihnen die bestellten Bücher zu liefern.
  Wir können Ihnen die bestellten Bücher liefern.
- In ähnlich gelagerten Fällen wurde so verfahren.
  In ähnlichen Fällen wurde so verfahren.
- Wir gewähren Ihnen einen Rabatt in Höhe von zehn Prozent.
  Wir gewähren Ihnen einen Rabatt von zehn Prozent.
- Der junge Mann konnte keinerlei finanzielle Mittel aufweisen.
  Der junge Mann hatte kein Geld.
- Von der Kostenseite her gesezen ist dieses Forschungsprojekt zu teuer.
  Das Forschungsprojekt kostet zuviel.

Übung 3

- Künftig können, wenn das aus Umweltschutzgründen notwendig sein sollte, die Bundesländer schon unterhalb der Smog-Schwelle Fahrverbote verhängen.
  Die Bundesländer können künftig schon unterhalb der Smog-Schwelle Fahrverbote verhängen, wenn das aus Gründen des Umweltschutzes notwendig sein sollte.
- Wenn künftig lokal und regional Fahrverbote leichter verordnet werden können, sei ein stärkerer Trend zu schadstoffarmen Autos zu erwarten, erklärte der Umweltminister.
  Der Umweltminister erklärte, er erwarte einen stärkeren Trend zu schadstoffarmen Autos, wenn künftig lokal und regional Fahrverbote leichter verordnet werden können.

Übung 4

»Derjenige, der den, der das Ortsschild, das auf der Straße, die zum Dorfplatz führt, steht, beschädigt hat, überführt, erhält eine Belohnung aus der Gemeindekasse.«
»Derjenige erhält eine Belohnung aus der Gemeindekasse, der den überführt, der das Ortsschild beschädigt hat, das auf der Straße steht, die zum

Dorfplatz führt.« Das ist sicher kein schöner aber ein verständlicher (Bandwurm-)Satz. Besser ist es, zwei Sätze zu bilden: Das Ortsschild an der Straße zum Dorfplatz ist beschädigt worden. Wer den Täter überführt, erhält eine Belohnung aus der Gemeindekasse.

Übung 5

- Ihre Kritik an Generalinspekteur Wellershoff, der mit einem »Leitfaden« zur politischen Bildung in der Truppe Aufsehen erregt hatte, bekräftigte gestern die SPD.
  Die SPD bekräftigte gestern ihre Kritik an Generalinspekteur Wellershoff, der mit einem »Leitfaden« zur politischen Bildung in der Truppe Aufsehen erregt hatte.
- Wenn ein Verlag, der auf die Veröffentlichung marxistischer Literatur spezialisiert ist, eine Frauen-Krimi-Reihe herausgibt, verdient das Aufmerksamkeit.
  Es verdient Aufmerksamkeit, wenn eine Frauen-Krimi-Reihe in einem Verlag erscheint, der auf die Veröffentlichung marxistischer Literatur spezialisiert ist.

Übung 6

- Christiane will, teilte sie meinem Bruder mit, am Sonntag kommen.
  Christiane will am Sonntag kommen, teilte sie meinem Bruder mit.
- Die Staatsanwaltschaft schenkte den Hinweisen, die sie von Mitgliedern der Opposition erhalten hatte, keine Beachtung.
  Die Staatsanwaltschaft beachtete die Hinweise nicht, die sie von Mitgliedern der Opposition erhalten hatte.
- Für die Katastrophenhilfe sind in unserem Landkreis das Technische Hilfswerk, das Deutsche Rote Kreuz, die Feuerwehr, die freiwillige Feuerwehr und die Polizei zuständig.
  Für die Katastrophenhilfe sind in unserem Landkreis zuständig: das Technische Hilfswerk, das Deutsche Rote Kreuz, die Feuerwehr, die freiwillige Feuerwehr und die Polizei.
- In dem mit knapper Mehrheit angenommenen Abschnitt der Koalitionsvereinbarungen über die Hochschulpolitik werden die Wiederherstellung der Einheit von Forschung und Lehre und die Mitbestimmung der Studierenden als Hauptziele genannt.

Im Abschnitt »Hochschulpolitik« nennt die Koalitionsvereinbarung als Hauptziele: die Wiederherstellung der Einheit von Forschung und Lehre und die Mitbestimmung der Studierenden. Dieser Abschnitt wurde mit knapper Mehrheit angenommen.

- Herr Mester wird auf der Jahresversammlung über den Außendienst, Frau Krieger über die EDV-Abteilung, Frau Neumann über die Verwaltung und Herr Münz über die Etragslage berichten.
  Auf der Jahresversammlung wird Herr Mester über den Außendienst berichten, Frau Krieger über die EDV-Abteilung, Frau Neumann über die Verwaltung und Herr Münz über die Ertragslage.

Übung 7

- Die Rednerin, die in ihrem Referat über Fragen einer zukunftsorientierten Gewerkschaftspolitik sprach, kam aus Regensburg.
  Die Rednerin behandelte in ihrem Referat Fragen einer zukunftsorientierten Gewerkschaftspolitik. (Wenn es wichtig ist:) Sie kam aus Regensburg.
- Die Frage, ob die Rentenreform nicht nur finanzpolitisch machbar, sondern auch sozialpolitisch akzeptabel ist, wird in den großen Parteien nur am Rande diskutiert.
  In den großen Parteien wird nur am Rande die Frage diskutiert, ob die Rentenreform nicht nur finanzpolitisch machbar, sondern auch sozialpolitisch akzeptabel ist.
- Wir gingen, obwohl wir das nicht notwendig fanden, zu einer Rechtsanwältin, die zu unserer Bestürzung erklärte, dass wir keine Chance hätten, den Rechtsstreit zu gewinnen.
  Wir fanden es zwar nicht notwendig, gingen aber trotzdem zu einer Rechtsanwältin. Wir waren bestürzt über ihre Erklärung, wir hätten keine Chance, den Rechtsstreit zu gewinnen.
- Der Bundespräsident, der am 1. September, um ein politisches Zeichen zu setzen, nach Polen fahren will, trug heute einen dunkelblauen Zweireiher.
  Der Bundespräsident will am 1. September nach Polen fahren, um ein politisches Zeichen zu setzen. (Der Hinweis auf den dunkelblauen Zweireiher ist wohl überflüssig.)

Übung 8

- Bei der Verhandlung konnten sich die Befürworter eines Verbots von Studiengebühren nicht durchsetzen.
  Bei den Verhandlungen setzten sich die Befürworter von Studiengebühren durch.
- Den Schülerinnen und Schülern wurde vom Klassenlehrer verboten, die Ausstellung über Aktmalerei während des Unterrichts zu besuchen.
  Der Klassenlehrer verbot den Schülerinnen und Schülern, während des Unterrichts die Ausstellung über Aktmalerei zu besuchen.
- Ich hoffe nicht, dass Schulz nicht kommt.
  Ich hoffe, dass Schulz kommt.
- In den Tarifverhandlungen wurde ein Fortschritt nicht erzielt.
  Die Tarifparteien erzielten keinen Fortschritt in den Verhandlungen.

IV. Klar, kurz, interessant: Texte für die Öffentlichkeit

Im zweiten und dritten Kapitel ging es um Text-Elemente. Auf den folgenden Seiten steht die Frage im Vordergrund, wie Textbausteine zu Texten zusammen gesetzt werden können. Kapitel 4 behandelt journalistisch orientierte Texte, zum Beispiel Meldung, Bericht und Kommentar.

1. Das Wichtigste zuerst: Meldung, Bericht, Pressemitteilung

Im Journalismus wird unterschieden zwischen Texten, die
- informieren (Meldung, Bericht),
- kommentieren (Meinungsbeiträge wie Kommentar, Glosse, Leitartikel) oder
- unterhalten (Reportage).

Das ist eine grobe Einteilung; ein Blick in die Zeitung zeigt, dass zum Beispiel häufig zugleich informiert und kommentiert wird. Von der Besprechung eines Buchs oder Films wird das sogar erwartet. Ich unterscheide im folgenden zwischen Texten, die in erster Linie informieren bzw. berichten, und Texten, die in erster Linie kommentieren bzw. argumentieren. Die Unterscheidung dient lediglich einer übersichtlichen Darstellung.
Der Oberbegriff für Meldung und Bericht ist »Nachricht«. Unter Meldungen werden in der Zeitungsbranche Kurznachrichten bis etwa 25 Druckzeilen verstanden (man nennt sie auch »Einspalter«); in Berichten werden Ereignisse ausführlicher dargestellt (»Zweispalter« oder »Dreispalter«)[1]. Wie kommt man zu einer Meldung, zu einem Bericht?

---

1 Ich verwende im folgenden beide Begriffe synonym, da sich die Unterscheidung zwischen Meldung und Bericht nur auf den Umfang einer Nachricht bezieht.

Ein wichtiges Hilfsmittel sind die **sechs »W«-Fragen**:

- Wer?
- Was?
- Wann?
- Wo?
- Wie?
- Warum?

Nehmen wir an, Ihr Verein plant ein Fest oder eine Ausstellung, in Ihrer Gemeinde wurde ein neuer Gemeindekirchenrat gewählt, Ihre Bürgerinitiative hat eine Aktion durchgeführt, Ihre Gewerkschaftsgruppe hat einen Solidaritätsbasar veranstaltet. Sie wollen über dieses Ereignis die Presse informieren, eine Meldung oder einen Bericht schreiben. Der erste Schritt zu dieser Meldung ist die Beantwortung der »W«-Fragen:

Wer?	Die Bürgerinitiative »Grün-Tangente«
Was?	Sitzblockade
Wann?	Am 21.5.2001
Wo?	Kaiserstraße, Ausgangspunkt der geplanten Stadtautobahn
Wie?	Friedlich, mit Picknick
Warum?	In genau einem Monat soll der Autobahnbau beginnen.

Damit haben Sie die *Grundlage* Ihrer Meldung, Ihres Berichts. Was ist der nächste Schritt? Wie wird auf dieser Grundlage eine Meldung, ein Bericht aufgebaut?

Nachrichten-»Wert«

Bestimmen Sie nun den Nachrichten-»Wert« der einzelnen Elemente Ihrer Meldung. Was ist für die Öffentlichkeit von Interesse? Was ist das Wichtigste? Was ist das Interessanteste? Sie stehen vor der Aufgabe abzuwägen,

- was wichtig und was weniger wichtig ist (»Bedeutung«),
- was die Leserinnen und Leser vermutlich interessiert (»Publikumsinteresse«).

»W«-Fragen	**1. Schritt** Fakten zuordnen; Kurzantworten geben
Wer hat etwas gemacht, will etwas machen?	Die Bürgerinitiative »Grün-Tangente«
Was ist passiert, was soll geschehen? Worüber soll berichtet werden?	Sitzblockade
Wann hat das Ereignis stattgefunden, wann findet es statt?	am 21.5.2001
Wo ist es passiert, soll es stattfinden?	Kaiserstraße, Ausgangspunkt der geplanten Stadtautobahn
Wie ist (wird) es abgelaufen?	Friedlich, mit Picknick
Warum ist (wird) es dazu kommen, wurde das gemacht, soll das gemacht werden?	In genau einem Monat soll der Autobahnbau beginnen.

»Bedeutung« und »Publikumsinteresse« (so lauten die Fachbegriffe) müssen keineswegs identisch sein. Ihnen mag in unserem Beispiel vor allem wichtig sein, *dass* und *warum* die Bürgerinitiative »Grün-Tangente« demonstrierte. Die Leserinnen und Leser interessiert vielleicht mehr, *wie* demonstriert wurde (Sitzblockade mit Picknick). Hinzu kommt: Der zuständige Redakteur entscheidet über die Bedeutung und das Publikumsinteresse. Wie wählen Redakteurinnen und Redakteure aus? Was sind ihre Entscheidungskriterien?

In der Ausbildung lernen Journalisten, dass die *Bedeutung* einer Nachricht abhängt vom Ausmaß und den Konsequenzen eines Ereignisses. Beziehen wir diese Kriterien auf unser Beispiel:
- Haben an der Sitzblockade *viele Menschen teilgenommen*? (Ausmaß)
- Wurde der Verkehr in der Stadt *deutlich beeinträchtigt*? (Konsequenzen)

Für die Entscheidung über das vermutete *Publikumsinteresse* werden folgende Faktoren herangezogen:
- Ort des Ereignisses,
- Zeitpunkt des Ereignisses,
- Prominenz der beteiligten Personen, Parteien, Verbände usw.,
- Neuigkeitsgehalt des Ereignisses,
- »Bedeutungsnähe« des Ereignisses.

Ein Plus wird vergeben für
- Nähe,
- Aktualität,
- prominente Beteiligte.

Auf das Beispiel bezogen: Für die Redaktion der Lokalzeitung ist es ausschlaggebend, dass die Sitzblockade in der Stadt stattfand. Überregionale Zeitungen werden sich für den Ort des Ereignisses weniger interessieren. Erscheint die Zeitung nicht täglich, wird der Zeitpunkt der Sitzblockade in den Hintergrund treten. Beteiligte sich (was sicher unwahrscheinlich ist) der Bürgermeister an der Sitzblockade, erhöht das den Nachrichten-Wert der Meldung.
Einen *Neuigkeitswert* hat Ihre Meldung, Ihr Bericht, wenn in Ihrer Stadt, in Ihrem Dorf oder Landkreis noch nie eine Sitzblockade stattfand. *»Bedeutungsnähe«* haben Ereignisse, wenn sie verbunden sind mit den Erfahrungen, mit dem Alltag der Leserinnen und Leser.
Schließlich wird zum (vermuteten) Publikumsinteresse noch das

Unterhaltungsbedürfnis gerechnet. Als unterhaltsam werden Ereignisse eingestuft, die

- kurios,
- ungewöhnlich,
- spannend,
- dramatisch,

sind, und Ereignisse, die zum Beispiel von

- Liebe,
- Sex,
- Romantik,
- Tieren

handeln.

Ich beziehe nur einen Punkt auf unser Beispiel: Eine Sitzblockade mit 200 Dackeln kommt bestimmt in die Zeitung.

Die aufgezählten Kriterien orientieren sich in erster Linie an Verkaufszahlen. Zeitungsverlage sind Wirtschaftsunternehmen, die vor allem an hohen Auflagen, an einem guten Geschäft interessiert sind. Und es spielt die politische Grundrichtung der jeweiligen Zeitung eine entscheidende Rolle bei der Nachrichtenauswahl. Ich empfehle Ihnen nicht, sich vorbehaltlos an diesen Kriterien zu orientieren. Wenn Sie sich zum Beispiel dafür engagieren, dass Bäuerinnen und Bauern in der »Dritten Welt« faire Preise für ihre Produkte gezahlt bekommen, ist *Nähe* nicht gegeben. Sie können andere Entscheidungskriterien aufstellen. Entscheidend ist,

- *dass* Sie Ihre Meinung oder Ihren Bericht nach Kriterien strukturieren,
- *dass* Sie sorgfältig abwägen zwischen dem, was Ihnen wichtig erscheint, und dem, was andere (den Leserinnen und Lesern bzw. der zuständigen Redakteurin, dem verantwortlichen Redakteur) wichtig erscheinen könnte.

Wenn Sie eine Meldung in der Zeitung unterbringen wollen, müssen Sie auch taktische Überlegungen anstellen. Nehmen wir

an, die Zeitung in Ihrer Stadt ist für mehr Parkplätze in der Innenstadt. Die Bürgerinitiative, in der Sie mitarbeiten, setzt sich dafür ein, dass die City verkehrsberuhigt wird. Sie haben eine Veranstaltung durchgeführt, auf der eine prominente Politikerin gesprochen hat. Erwähnen Sie das in Ihrer Meldung oder Ihrem Bericht für die Zeitung zuerst, bringen Sie erst dann die Argumente, die für eine autofreie Innenstadt vorgetragen wurden. Es ist also nützlich, die Kriterien zu kennen, nach denen der »Wert« einer Nachricht beurteilt wird. Kennen muss nicht anpassen heißen.
Ich übertrage den zweiten Schritt, die Bewertung der Nachrichten-Elemente, in das Schema auf der folgenden Seite.

Reihenfolge

Der dritte Schritt besteht darin, nach der Bewertung der Nachrichten-Elemente die Reihenfolge festzulegen, in der diese Elemente zu einer Meldung oder einem Bericht zusammengestellt werden. Die Nachrichten-Elemente, die ein »+« erhalten haben, stehen am Anfang, die mit einem »–« am Ende. Siehe hierzu das Schema auf Seite 94.

»W«-Fragen	**1. Schritt** Fakten zuordnen; Kurzanworten geben	**2. Schritt** Nachrichten-Elemente bewerten	
Wer hat etwas gemacht, will etwas machen?	Die Bürgerinitiative »Grün-Tangente«	Prominenz	+ 0 –
Was ist passiert, was soll geschehen? Worüber soll berichtet werden?	Sitzblockade	Ausmaß Konsequenz	+ 0 – + 0 –
Wann hat das Ereignis stattgefunden, wann findet es statt?	Am 21. 5. 2001	Aktualität	+ 0 –
Wo ist es passiert, soll es stattfinden?	Kaiserstraße, Ausgangspunkt der geplanten Stadtautobahn	Nähe	+ 0 –
Wie ist (wird) es abgelaufen?	Friedlich, mit Picknick	spannend kurios dramatisch usw.	+ 0 – + 0 – + 0 –
Warum ist (wird) es dazu kommen, wurde das gemacht, soll das gemacht werden?	in genau einem Monat soll der Autobahnbau beginnen.	Unterhaltungswert Ausmaß Konsequenz	+ 0 – + 0 – + 0 –

\+ bedeutet positiv (z. B. prominent)
0 neutral
– negativ (nicht prominent)

Die Reihenfolge in der folgenden Übersicht ist ein Vorschlag für eine (kurze) aktuelle Meldung. Bei einem (längeren) Bericht könnte beispielsweise eine Schilderung des Wie an erster Stelle stehen. Wichtig ist: Am Anfang steht das Wichtigste. Dann folgen nähere Informationen zur Erläuterung (Fakten) und schließlich Einzelheiten (Details).

»W«-Fragen	**1. Schritt** Fakten zuordnen; Kurzantworten geben	**2. Schritt** Nachrichten-Elemente bewerten	**3. Schritt** Reihenfolge festlegen
Wer hat etwas gemacht, will etwas machen?	Die Bürgerinitiative »Grün-Tangente«	Prominenz + 0 –	An fünfter Stelle
Was ist passiert, was soll geschehen? Worüber soll berichtet werden?	Sitzblockade	Ausmaß + 0 – Konsequenz + 0 –	An zweiter Stelle
Wann hat das Ereignis stattgefunden, wann findet es statt?	Am 21. 5. 2001	Aktualität + 0 –	An erster Stelle
Wo ist es passiert, soll es stattfinden?	Kaiserstraße, Ausgangspunkt der geplanten Stadtautobahn	Nähe + 0 –	An dritter Stelle
Wie ist (wird) es abgelaufen?	Friedlich, mit Picknick	spannend + 0 – kurios + 0 – dramatisch + 0 – usw.	An vierter Stelle
Warum ist (wird) es dazu kommen, wurde das gemacht, soll das gemacht werden?	In genau einem Monat soll der Autobahnbau beginnen.	Unterhaltungswert + 0 – Ausmaß + 0 – Konsequenz + 0 –	An sechster Stelle

»W«-Fragen	1. Schritt Fakten zuordnen, Kurzantworten geben	2. Schritt Nachrichten-Elemente bewerten	3. Schritt Reihenfolge festlegen
Wer?			
Was?			
Wann?			
Wo?			
Wie?			
Warum?			

Übung 1

Probieren Sie einmal das Arbeiten mit diesem Schema aus. Stellen Sie sich vor, Sie sind Redakteurin bzw. Redakteur der Zeitung, die Sie lesen. Sie bekommen die nachstehende (fiktive) Meldung auf den Tisch, die Sie auf der Seite »Vermischtes« bringen wollen. Übertragen Sie die Informationen in die erste Spalte des oben stehenden Schemas. Bewerten Sie dann die Nachrichten-Elemente, und legen Sie schließlich die Reihenfolge fest, in der Sie die Meldung aufbauen würden.

wie das nachrichtenmagazin »spiegel« in einer vorausmeldung mitteilt, ist es journalisten gelungen, einem, wie es in der meldung heißt, »eiskalten« plagiat auf die spur zu kommen.
der berliner wissenschaftler robert fischer hat seine 1991 angenommene dissertation »frech« abgeschrieben. das original

wurde jetzt an der universität parma entdeckt. dort hatte der inzwischen verstorbene luigino sfriso 1988 eine arbeit mit dem titel »il linguaggio dei gesti« vorgelegt, die vom zuständigen fachbereich mit »sehr gut« bewertet wurde.
1991 promovierte fischer mit der arbeit »die sprache der gesten« an der tu berlin. kein wort, abgesehen vom dank an seinen doktorvater, stammt aus fischers feder, seine leistung besteht lediglich in der wörtlichen übersetzung von sfrisos arbeit.
unklar ist zum gegenwärtigen zeitpunkt noch, ob er diese übersetzung wirklich selbst gemacht hat. gewöhnlich gut unterrichtete kreise aus dem wissenschaftsbereich berichten, fischers italienischkenntnisse hätten allenfalls volkshochschulniveau.
dpa ist es nicht gelungen, fischer zu erreichen. es heißt, er halte sich in einer kleinstadt am rhein auf.

Zu dieser Übung gibt es keine Musterlösung, sondern nur einige Hinweise: Wenn Sie in Bremen oder München wohnen, ist der Hinweis, dass Robert Fischer sich vermutlich in einer Kleinstadt am Rhein aufhält, von untergeordneter Bedeutung. Wohnen Sie am Rhein, kann diese Ortsangabe an den Anfang der Meldung gestellt werden (reißerisch: »Fälscher in Bonn untergetaucht?«). Sie können davon ausgehen, dass Robert Fischer kein prominenter Wissenschaftler ist (»Wer« bekommt daher ein Minus in der dritten Spalte). Für eine Berliner Zeitung kann es wichtig sein, dass Robert Fischer aus Berlin stammt.

Vorbericht

In Meldungen oder Berichten, die einem Ereignis vorausgehen, steht das am Anfang, *was* sich ereignen wird. Nehmen wir an, Sie wollen die Presse über eine Veranstaltung (Fest, Vortrag, Migliederversammlung usw.) informieren, die Ihr Verein durchführen will. Am Anfang dieser Meldung sollte nicht stehen, *dass* Sie eine Veranstaltung durchführen, sondern *was* sich während der Veranstaltung ereignen wird. Ich verdeutliche das an einem einfachen Beispiel:

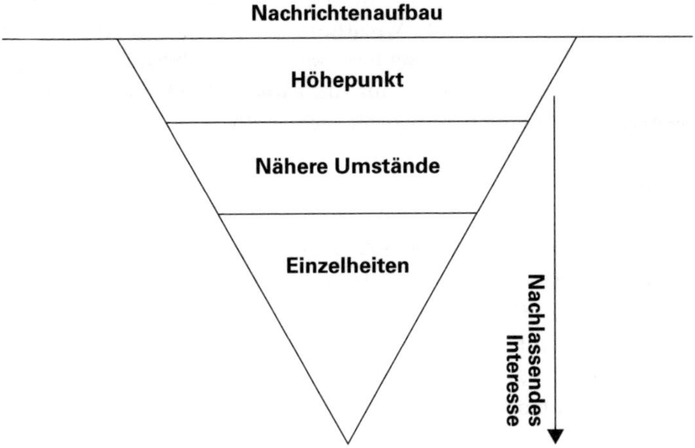

»Am Dienstag, 7. Mai, um 17.30 beginnt die DLRG in Grünstadt mit einem neuen Schwimmkurs für Kinder ab sechs Jahre und Erwachsene in der Hans-Böckler-Schule.«

In dieser Ankündigung steht das Was – der Schwimmkurs – nicht zuerst. Das Wichtigste – der Schwimmkurs – gehört jedoch an den Anfang.

Ein anderes Beispiel: Die Fakten:

Wer? Siggi Kelly, sozialpolitische Expertin der SPD,
Was? Vortrag: »Die Problematik der Rentenfinanzierung unter besonderer Berücksichtigung der zu erwartenden Bevölkerungsentwicklung bis zum Jahre 2050«,
Wann? Mittwoch, 13. Mai, 20 Uhr,
Wo? Vortragssaal des Stadtmuseums.

Am Anfang der Veranstaltungsankündigung wird entweder das Thema oder die Referentin stehen, wenn sie prominent ist. Das Thema des Vortrags muss umformuliert werden; es klingt nach einem langeiligen akademischen Fachvortrag: »Über Probleme der Rentenfinanzierung spricht Siggi Kelly, sozialpolitische . . .« Sie können, nachdem das Wichtigste gesagt ist, ergänzen: »Frau Kelly wird in ihrem Vortrag besonders die . . . berücksichtigen.« Oder Sie hauen ein wenig auf die Pauke: »Sind unsere Renten sicher? Diese Frage beantwortet Siggi Kelly. . .«

Übung 2

Machen Sie aus folgenden Angaben eine Meldung:

- Kreissparkasse Hausdorf, Hauptstraße 218,
- 10. bis 23. Januar,
- Renate Kuhn,
- Lithographien und Aquarelle,
- Montags bis freitags, während der regulären Öffnungszeiten,
- Eröffnung in Anwesenheit der Künstlerin: 10. Januar, 15 Uhr.

Auch zu dieser Übung gibt es keine Musterlösung. Beachten sollten Sie: An den Anfang gehört Renate Kuhn und das, was sie macht. Das Datum der Ausstellungseröffnung sollte vor dem Hinweis auf die Dauer und die Öffnungszeiten der Ausstellung stehen.

Übung 3

Schreiben Sie folgende Vorabmeldung um:
Am 12. Januar beginnt in der Fachhochschule für Sozialarbeit, Fritz-Erler-Straße 122–132, eine Konferenz über Vorbeugemaßnahmen gegen den Drogenkonsum, dem immer mehr Jugendliche aufgrund von mangelndem Selbstwertgefühl, Perspektivlosigkeit und anderen Faktoren gerade in Zeiten wachsender Arbeitslosigkeit verfallen. Die Bekämpfung des Drogenkonsums beschränkt sich in den letzten Jahren nicht mehr auf die Herstellung von Informationsbroschüren und abschreckenden Plakaten, sondern verlagert sich in den Bereich der Vorbeugung, mit der sich auch die Teilnehmer der Fachkonferenz, die von Staatssekretär Hammerbacher eröffnet wird, beschäftigen werden.

Meinen Vorschlag finden Sie am Ende des Kapitels. Bevor Sie Ihr Ergebnis vergleichen, prüfen Sie bitte, ob Sie Schachtelsätze vermieden haben.

Ergebnis-, Handlungs-, Zitatenbericht

Die Veranstaltung mit Siggy Kelly hat stattgefunden, die Ausstellung von Renate Kuhn wurde eröffnet, die Konferenz über Vorbeugung gegen Drogenkonsum ist beendet – und Sie wollen darüber berichten. Sie wissen: Das Wichtigste steht zuerst. Der Aufbau eines Berichts oder einer Meldung ergibt sich aus der Schwerpunktsetzung. Wollen Sie in erster Linie

- über den Ablauf (zum Beispiel der Ausstellungseröffnung),
- über Ergebnisse (zum Beispiel der Fachkonferenz),
- über Aussagen (zum Beispiel von Siggi Kelly)

berichten?

Wollen Sie also einen

- Handlungsbericht oder einen
- Ergebnisbericht oder einen
- Zitatenbericht

schreiben?

Beim *Handlungsbericht* steht der Höhepunkt am Anfang. Dann folgt eine Schilderung, wie es zu diesem Höhepunkt kam. Der Handlungsbericht ist also nicht chronologisch aufgebaut.
Nehmen wir das Beispiel Ausstellungseröffnung. Am Anfang könnte stehen: »Der Direktor der Kreissparkasse Hausdorf zerstörte gestern eine wertvolle Lithographie von Renate Kuhn.« Dann folgen Informationen, wie es dazu kam (Direktor betrunken), wie die Anwesenden reagierten und Näheres zur Ausstellung.

Im *Ergebnisbericht* stehen Informationen über das Ergebnis einer Veranstaltung, Konferenz, Tagung oder eines (Gerichts-)Verfahrens am Anfang.

Ein Bericht über die Fachkonferenz könnte wie folgt beginnen: »Drei Millionen DM fordern Experten von der Bundesregierung für eine bundesweite Aufklärungskampagne.« Danach kommen Informationen über die näheren Umstände und Details, die zu diesem Ergebnis führten.

Ein *Zitatenbericht* beginnt mit einer zentralen Aussage einer Politikerin, eines Konferenzteilnehmers, eines Vereinsvorsitzenden usw. Es folgen Informationen über die Hintergründe und/oder den Anlass dieser Äußerung.
»Eine Grundrente für alle«, forderte Siggi Kelly, sozialpolitische Expertin der SPD.
An diese Kernaussage schließen sich weitere Informationen über den Vortrag von Siggi Kelly an.

Sie können Aussagen in direkter oder in indirekter Rede wiedergeben.

Direkte Rede
»Es gibt nur eine sozialpolitisch akzeptable Lösung des Rentenproblems: eine Grundrente für alle.« Mit dieser Feststellung beendete Siggi Kelly, sozialpolitische Expertin der SPD, ihren Vortrag . . .

Indirekte Rede
Variante 1:
Eine Grundrente für alle *sei* die einzige sozialpolitisch akzeptable Lösung des Rentenproblems. Diese Ansicht äußerte Siggi Kelly . . .

Variante 2
Nach Ansicht von Siggi Kelly *ist* eine Grundrente für alle die einzige sozialpolitisch akzeptable Lösung des Rentenproblems.

Übung 4

Nachfolgend sind Daten und Fakten zu zwei Ereignissen aufgeführt. Stellen Sie sich vor, Sie waren an diesen Ereignissen beteiligt und wollen über jedes dieser Ereignisse eine Meldung bzw. einen Bericht schreiben. Überlegen Sie, für welches Ereignis Sie einen Handlungsbericht schreiben wollen oder einen Ergebnis- bzw. Zitatenbericht. Schreiben Sie dann zu jedem der beiden Ereignisse den ersten Satz einer Meldung bzw. eines Berichts.

1. Die Daten und Fakten (Sie können weitere hinzufügen):
   - Aktionen gegen »Sextourismus«
   - 24. November: Diskussionsveranstaltung über »Sextourismus«
   - Referentin: Elvira Niesner, Vorsitzende der »Arbeitsgemeinschaft gegen internationale sexuelle und rassistische Ausbeutung (agisra)«
   - Ort: Flughafen Frankfurt (Drehscheibe für Sextouristen)
   - 25. November: Straßenaktion
   - ein Mann wird verlost, Informationen über »Sextourismus«, ein Katalog für Frauen »Männer ihrer Träume« nach dem Vorbild der Katalog mit Frauen aus der Dritten Welt
   - 25. November ist seit 1981 internationaler Aktionstag »Nein zur Gewalt gegen Frauen«

Ihr erster Satz:

____

____

____

2. Die Daten und Fakten (Sie können weitere hinzufügen):
   - Jahreshauptversammlung eines gemeinnützigen Vereins

- Einziger Tagesordnungspunkt: Vorstandswahlen
- Bisher im Vorstand: Oskar Schneider, Geschäftsführer der Arbeiterwohlfahrt (Vorsitzender), Rita Sauer (SPD), Mitglied des Bundestages (stellvertretende Vorsitzende), Otto Fries, Stadtdirektor (Kassierer)
- Schneider und Sauer wurden ohne Gegenkandidaten mit großer Mehrheit wiedergewählt
- Umstritten war Otto Fries. Gegen ihn kandidierte Ursula Hentschel, Mitglied der Grünen
- Das Wahlergebnis: 13 Stimmen für Otto Fries, 15 für Ursula Hentschel
- Oskar Schneider: »Die Vorstandsarbeit wird schwerer.«
- Otto Fries: »Grüne unterwandern Wohlfahrtsverbände.«

Ihr erster Satz:

____

____

____

Meine Vorschläge finden Sie am Ende des Kapitels.

Pressemitteilung

Wenn Sie in der Zeitung lesen oder im Rundfunk hören, was der Kanzler meint, der Fraktionschef plant, die Ministerpräsidentin will und die Opposition ablehnt, dann ist die Grundlage solcher Nachrichten in vielen Fällen eine Pressemitteilung. Auf Pressemitteilungen bzw. Presseerklärungen beruht ein großer Teil der Meldungen, die wir täglich lesen oder hören. Tausende von Mitteilungen für die Presse werden jeden Tag geschrieben. Mehr als drei Viertel dieser Mitteilungen werfen Journalistinnen und Journalisten in den Papierkorb. Das ist nur scheinbar ein Widerspruch. Zunächst ist eine Pressemitteilung nichts als Papier. Wer viel Papier produziert, erzielt noch lange keine Resonanz. Wer dauernd auf die Pauke haut, wird nicht besser gehört, sondern macht die Ohren taub. Jedes Instrument wird stumpf, wenn es zu häufig eingesetzt wird. Deshalb ist stets zu prüfen: Hat die Mitteilung, die an die Presse gehen soll, für den Empfänger einen Nachrichtenwert? Kurzgeschichten, Amateurlyrik, akademische Versatzstücke oder allgemeine Kommentare zur Weltgeschichte erfüllen dieses Kriterium nicht. Sie sind kein Stoff für Pressemitteilungen. Es kommt in der Pressearbeit nicht darauf an, Informationskanäle zu verstopfen, sondern sie intelligent zu nutzen. Aus diesem Grunde sollte immer konkret gefragt werden:

- Ist ein Anlass oder Ereignis wichtig genug, um sich damit an die Presse zu wenden?
- Ist dieser Anlass/das Ereignis für Leser oder Zuhörerinnen von Bedeutung?

Nur wenn beide Fragen positiv beantwortet werden können, lohnt die Mühe, eine Pressemitteilung zu schreiben. Was ist dabei zu beachten?
Pressemitteilungen werden nicht für die Leserinnen und Leser geschrieben, sondern für Redakteure. Die Empfängerinnen und Empfänger sind Profis. Und diese Profis haben in der Regel wenig Zeit und bekommen viele Texte auf den Schreibtisch. Darauf muss man sich einstellen und schnell auf den Punkt kommen:

- sich kurz fassen,
- verständlich schreiben,
- klar gliedern.

Die Kunst besteht darin, sowohl kurz und knapp als auch umfassend zu informieren. Umfassend meint in erster Linie: Die sechs W-Fragen müssen beantwortet werden. Das wurde in der folgenden Pressemitteilung versäumt:

> **»Die Versorgung alter und kranker Menschen ist gefährdet**
> **Netzwerk Ostend: ein konstruktives Lösungsmodell**
> Das Netzwerk Ostend ist eine Arbeitsgemeinschaft verschiedenster Einrichtungen der Altenarbeit. Die mitarbeitenden RepräsentantInnen

der unterschiedlichsten Institutionen stellten ihre Vorschläge zur Verbesserung der Situation alter Menschen den zuständigen BezirkspolitikerInnen und Bundestagsabgeordneten vor.

Es wurden u. a. angesprochen:
- Einrichtung eines pflegerischen Notdienstes;
- Schaffung von Transparenz über das vorhandene Angebot, z. B. in Form eines Stadtteilführers;
- Unterstützung von pflegenden Angehörigen durch Schulung und Beratung.

Der Sozialdezernent Herr Dehm, der Bundestagsabgeordnete Herr Pfeifer sowie die VertreterInnen der Bezirksfraktionen zeigten sich beeindruckt von der kooperativen Zusammenarbeit und wollen das Netzwerk auch in Zukunft unterstützen.«

Die Pressemitteilung gibt keine Auskunft,
- *warum (wodurch)* die Versorgung alter und kranker Menschen gefährdet ist,
- *wie* diese Gefährdung aussieht,
- *wofür* das Netzwerk ein konstruktives Lösungsmodell ist,
- *wann* und *wo* die Netzwerk-Mitarbeiterinnen die Politiker über ihre Vorschläge informierten (und *wie* diese das Netzwerk unterstützen).

Eine unvollständige Pressemitteilung bedeutet für den Empfänger Arbeit. Er müsste die Informationen vervollständigen, wollte er aus der Mitteilung eine Meldung machen. Dazu haben Redakteurinnen und Redakteure oft weder Zeit noch Lust – und die Pressemitteilung landet im Papierkorb.
Die zitierte Pressemitteilung weckt kein Interesse. Was »angesprochen« wurde, ist wenig konkret und bietet keinen Ansatzpunkt für eine Geschichte. Das Wichtigste fehlt: Wer ist warum in welcher Hinsicht gefährdet? Sind viele alte und kranke Menschen betroffen? Gerade das, was Medien besonders interessiert, wurde in der Pressemitteilung weggelassen: menschliche Schicksale.

Die W-Fragen erschöpfend beantworten, heißt nicht, mit Details zu erschöpfen. Eine Pressemitteilung sollte nicht länger als eine Seite sein. Das Wichtigste – wer, was, wann, wo – gehört an den Anfang, dann folgen die näheren Umstände und gegebenenfalls Einzelheiten:

wer **was, wann,** **warum**	»Das Schwarzstädter Kinderschutz-Zentrum muss seine Arbeit zum 1. Oktober 2000 einstellen, weil ihm die Stadt keine Fördermittel mehr bewilligt. Das bedeutet: Es wird in Zukunft keine kostenlose Beratung und Therapie mehr geben für Kinder, die . . .«.

Der erste Satz kann für sich stehen. Er könnte so in den Rundfunknachrichten gesendet werden. Da Redakteure gewöhnlich nach dem Grundsatz arbeiten, von hinten wird gekürzt, ist es entscheidend, das Wichtigste an den Anfang zu stellen.

Haben Sie mehr mitzuteilen als auf eine Seite geht, können Sie Ihre Pressemitteilung um zusätzliche (Hintergrund-) Informationen ergänzen. Die Pressemitteilung muss in jedem Falle der Extrakt aller weiteren Informationen sein, die an die Presse gehen. Sie muss ausreichend informieren. Die zusätzlichen Informationen sind ein Angebot, kein Freibrief für eine schlechte Pressemitteilung.

Wichtige Beschlüsse, ein *außergewöhnlich* hoher Mitgliederzuwachs, ein *originelles* Projekt oder eine *beeindruckende* Leistungssteigerung sind Anlässe, Pressemitteilungen um weitere Informationen zu ergänzen. Ein Beispiel: In der Pressemitteilung wird die Essenz eines Beschlusses zusammengefasst:

> Der Aufsichtsrat der Bank 25 hat heute beschlossen, die Gehälter der Vorstandsmitglieder um 25% zu kürzen. Das eingesparte Geld soll zur Fortbildung der Mitarbeiterinnen und Mitarbeiter der Bank eingesetzt werden.

Der vollständige Wortlaut des Beschlusses kann als Anlage zur Pressemitteilung an die Presse gehen. Oder der Beschluss wird im

Anschluss an diese Zusammenfassung zitiert, wenn er nicht sehr umfangreich bzw. sonst nichts Nennenswertes von der Sitzung des Aufsichtsrats mitzuteilen ist. Entscheidet man sich für diese Variante, wird üblicherweise folgender Satz vorangestellt: »Der Beschluss des Aufsichtsrats hat folgenden Wortlaut:«
Besser als zusätzliche Texte sind Fotos. Redakteure haben meist zu viel Text und zu wenig Bilder. Deshalb wächst die Bereitschaft, aus einer Pressemitteilung einen Beitrag zu machen, wenn ein »Blickfang« mitgeliefert wird, der in einen Text »hineinzieht«. Es muss nicht immer ein Foto sein. Auch eine Grafik, die zum Beispiel eine Entwicklung verdeutlicht, kann als Blickfang dienen.

Übung 5

Bitte lesen Sie nochmals die missglückte Pressemitteilung auf der Seite 104. Streichen Sie alle Phrasen, hohle Formulierungen und Substantivierungen an.

Meine Anmerkungen stehen am Ende des Kapitels.

Zusammenfassung:
In Meldungen, Berichten und Pressemitteilungen sollten alle W-Fragen beantwortet werden. Am Anfang steht das Wichtigste. Dann folgen Informationen zu näheren Erläuterungen und schließlich weitere Einzelheiten.

! **Buch-Tipp:**
Mehr Informationen über (das Schreiben für die) Presse- und Öffentlichkeitsarbeit finden Sie in Norbert Franck: Presse- und Öffentlichkeitsarbeit. Ein Ratgeber für Vereine, Verbände und Initiativen. Köln: Bund-Verlag 1996.

2. Vom Ziel her denken: Kommentar und Leserbrief

Die »klassischen« Meinungsbeiträge sind der Kommentar, der Leitartikel und die Glosse. Kommentare werten Ereignisse und Entwicklungen. Sie sind im Fernsehen, zum Beispiel in den *Tagesthemen*, und bei Zeitungen und Zeitschriften meist das Privileg leitender Redakteurinnen und Redakteure.
Da Sie nicht in dieser Rolle sind, kommentieren Sie möglicherweise für die Zeitung Ihres Vereins Ereignisse, schreiben gelegentlich einen Gastkommentar in der Lokalzeitung oder verfassen »kleine Kommentare«: Leserbriefe. Für jeden dieser Fälle sollten Sie drei Hinweise beachten:

1. Die Leserin, der Leser muss über das Ereignis informiert sein, das Sie kommentieren.
2. Ein Kommentar sollte möglichst wenig Meldung enthalten. Wenn Meldungen aufgenommen werden, um deutlich zu machen, was kommentiert wird, dann nur als kurze Verweise. Zum Beispiel: »Der Bürgermeister hat sich wieder einmal als Elefant im politischen Porzellanladen erwiesen. Seine Entscheidung . . .«.
3. Kommentare sind kein Forum, um »Dampf abzulassen« oder Empörung loszuwerden. Sie können ein Ereignis oder eine Entwicklung scharf kritisieren, sollten dabei aber stets *rational argumentieren.*

Argumentieren steht in diesem Abschnitt im Vordergrund. Es geht um die Frage: Wie kann eine Argumentationsstruktur aufgebaut werden, wenn Sie in einem Kommentar einen Vorgang bewerten oder in einem Leserbrief ein Ereignis kommentieren?
Die erste Antwortet lautet: *vom Ziel her denken.* Viele Meinungsbeiträge sind deshalb weitschweifig oder konfus, weil sie nicht vom Ziel her gedacht sind. Anfängerinnen und Anfänger verwenden meist sehr viel Zeit und Energie darauf, den ersten Satz gut zu formulieren. Beides fehlt ihnen dann oft für den Hauptteil des Textes.

Ich empfehle daher, mit der Frage zu beginnen: Was ist das *Ziel* meines Artikels, was will ich erreichen? Wenn Sie darüber Klarheit haben, verfügen Sie über den entscheidenden Ausgangs- und Bezugspunkt für eine strukturierte Argumentation.
Konzentrieren Sie sich dann auf die *Begründung*. Was spricht dafür? Welche Argumente und Beispiele stützen mein Anliegen, meine Forderungen oder meinen Standpunkt? Überlegen Sie erst zum Schluss, wie fange ich an, welchen Einstieg wähle ich?
Die Struktur des *Hauptteils* ergibt sich aus dem Ziel eines Beitrags: soll von einer *Problemlösung*, einem *Vorschlag* überzeugt oder ein *Standpunkt* begründet werden?

Problemlösung

Steht eine Problemlösung, ein Vorschlag im Vordergrund, bietet sich für den begründenden Hauptteil folgende Argumentationsstruktur an:

1. *Situationsbeschreibung*
   Wie ist der augenblickliche Zustand? Wie war die Situation bisher?
2. *Perspektive*
   Wie sollte es sein? Welcher Zustand soll erreicht werden? Wie kann eine bessere Situation aussehen?
3. *Lösungsmöglichkeiten*
   Wie kann das Ziel erreicht werden? Wie soll vorgegangen werden? Was ist (sind) meine Forderung(en)?

Ein Beispiel:
Aufmerksamkeit wecken: Einleitung
Ein altes Sprichwort aus Asien sagt: »Umwege erhöhen die Ortskenntnis«. Gegen Umwege ist nichts einzuwenden, wenn man zum Beispiel im Urlaub mit Zeit und Muße eine fremde Stadt besichtigt. Umwege werden zu Irrwegen, wenn Menschen auf dem Weg verloren gehen.

Argumente: Hauptteil

1. Situationsbeschreibung
   Genau das ist die Situation in unserem Verein. Seit drei Jahren nimmt die Zahl der aktiven Mitglieder kontinuierlich ab. Vor allem Frauen und junge Mitglieder ziehen sich von der Mitarbeit zurück. Zwei Gründe werden für diesen Schritt genannt:
   - keine Möglichkeiten, wirklich Einfluss auf die Vereinsarbeit nehmen zu können,
   - fehlende Diskussionsbereitschaft des Vorstands und der Vereins»veteranen«.

   Wenn diese Entwicklung anhält, sind wir in drei Jahren ein Seniorenverein.
2. Perspektive
   Wie müsste ein Vereinsleben aussehen, das Frauen und Jugendliche nicht abschreckt? Dazu gehören sicher: Sitzungen mit lebhaften Diskussionen, bei denen gestritten *und* gelacht wird; Sitzungen, auf denen nicht nur Geschichten von früher erzählt, sondern Perspektiven entwickelt werden; Diskussionen, bei denen auf die Stimmen aller, auch junger Mitglieder, gehört wird; Sitzungen, bei denen auch über persönliche Erfahrungen und Probleme gesprochen wird, das so genannte Private nicht verpönt ist.
3. Lösungsmöglichkeiten
   Wie ist eine solche Situation bzw. Atmosphäre zu erreichen? Mit guten Worten und Vorsätzen ist es nicht getan, das zeigen die Erfahrungen der letzten Jahre. Wir müssen neue Strukturen schaffen, die gewährleisten, dass unsere Arbeit und unsere Sitzungen effektiver und attraktiver werden.

Aufforderung: Schluss

Deshalb schlage ich folgende Veränderungen vor: . . .

Standpunkt

Steht die Begründung eines Standpunkts im Vordergrund, sieht eine typische Argumentationsfolge so aus:
1. Aufmerksamkeit wecken: Behauptung (Einleitung)
2. Argumente: Begründung (Hauptteil)
3. Schlussfolgerung (Schluss)

Wenn Sie einen Leserbrief schreiben, beziehen Sie sich auf einen Kommentar, ein Interview oder einen Bericht. Der eigene Standpunkt wird in der Auseinandersetzung mit den Auffassungen entwickelt, die in diesem Kommentar, Interview usw. geäußert wurden. Dazu müssen Sie in der Einleitung diese Auffassungen bzw. Meinungen aufgreifen. Die Einleitung besteht dann aus zwei Teilen: Argumentation aufgreifen und eine Behauptung entgegenstellen, die Aufmerksamkeit weckt. Drei Beispiele:
1. Einem Standpunkt *widersprechen*
   Marina Klein vertritt in ihrem Leitartikel vom Wochenende die Auffassung, die Drogenszene im Schlosspark müsse »mit aller Härte« aufgelöst werden. Ich meine, ihre Vorschläge sind eine schlechte Mischung aus einem Plädoyer für Polizeiwillkür und dem Motto »Heiliger Sankt Florian, verschon' mein Haus, zünd' andere an«.
2. Standpunkte *verbinden*
   Die Grünen plädieren für eine autofreie Innenstadt. Der Einzelhandel appelliert, seine Interessen zu berücksichtigen. Ich meine, man kann die City für Autos sperren, ohne dem Einzelhandel zu schaden.
3. Standpunkte verbinden und *weiterentwickeln*
   Die Mitarbeiter klagen über fehlende Mitbestimmung. Die Leitung klagt über mangelnde Effizienz. Beide Seiten haben Recht – und das Problem nur unzureichend erfasst.

Diese Argumentationsschemata sind als Anregungen zu verstehen; sie können flexibel für Texte verwendet werden, in denen es darauf ankommt, schlüssig zu argumentieren. Auf keinen Fall sollten sie als Anleitung zum Schematismus missverstanden werden.

Einstieg

Im Abschnitt über Meldung und Bericht (S. 87) haben Sie die Journalisten-Regel für informierende Texte kennengelernt: das Wichtigste zuerst. Für Meinungsbeiträge gibt es auch typische Anfänge. Ich stelle drei vor:

1. Frage-Einstieg
   Kommentare oder Glossen beginnen häufig mit einer oder mehreren Fragen:
   - Hat das Gespräch noch eine Zukunft? Oder geht es in der E-Mail-Flut unter?
   - Ist alles, was technisch machbar ist, auch moralisch zu vertreten?
2. Was-Nun-Einstieg
   Der Was-Nun-Einstieg ist ein Frage-Einstieg ohne ausdrückliche Frage:
   - Nach der Wahl von Angela Merkel konzentriert sich das Interesse der Öffentlichkeit auf die Frage, ob . . .
   - Nach dem Rückgang des Interesses an Talk-Shows stehen die Privatsender vor dem Problem . . .
3. Aufmerksamkeitswecker
   Wenn Sie zu Beginn eines Beitrags ein wenig auf die Pauke hauen wollen, können Sie den Aufmerksamkeitswecker einsetzen:
   - Das gab es noch nie in Düsseldorf: . . .
   - Wir sind zu fett. Alle Untersuchungen belegen: Wir sind zu fett. Wir, die Deutschen.

Wenn Sie sich für diesen Einstieg entscheiden, sollten Sie darauf achten, dass der folgende Text hält, was der Aufmerksamkeitswecker verspricht, sonst fühlen sich die Leserinnen und Leser auf den Arm genommen.

Zusammenfassung:
Bei Meinungsbeiträgen vom Ziel her denken und auf das Ziel hin strukturiert argumentieren.

! **Buch-Tipp:**
Nützliche Hinweise zum strukturierten Argumentieren finden Sie bei Christiane Tillner, Norbert Franck: Selbstsicher reden. München: Goldmann Verlag 2000 (= Goldmann TB 16262).

3. Top oder Flop: Überschrift und äußere Form

Von der Überschrift und dem ersten Eindruck von der Textgestaltung hängt es oft ab, ob ein Bericht oder ein Leserbrief von den zuständigen Redakteurinnen und Redakteuren beachtet wird. Deshalb sind eine interessante Überschrift und eine professionelle Manuskript-Gestaltung wichtig.

Ein wenig Pfiff muss sein: Die Überschrift

Formulieren Sie Überschriften zum Schluss, erst dann, wenn Ihr Text »steht«. Ich beobachte oft, dass Ungeübte mit der Überschrift beginnen und für ein paar Wörter viel Zeit und Energie investieren. Beides fehlt ihnen dann für den weiteren Text. Und häufig werden mit der Überschrift Erwartungen geweckt, die der Text nicht einlöst.
Eine Überschrift soll zwar Interesse, aber keine falschen Erwartungen wecken. In der *Bildzeitung* – die Überschriften auf der ersten Seite sind hier Chefsache – folgen auf riesige und knallige

Überschriften meist magere Artikel. Wer regelmäßig *Bild* liest, weiß das und erwartet nichts anderes. Warum auch immer das so ist: Bei Ihrer Arbeit können Sie nicht auf eine solche Erwartungshaltung setzen. Sie machen keinen »Revolverjournalismus« und müssen (können und sollen) auf Überschriften wie »Wahnsinn! X mit Y im Bett erwischt!« verzichten.

Überschriften sind wichtig. Deshalb sollten Sie sich beim Formulieren Mühe geben. Aber treten Sie in keine falsche Konkurrenz. Eine Überschrift soll das Interesse der Leserinnen und Leser wecken und deshalb kurz, informativ und griffig sein – aber nicht reißerisch.

- Damit eine Überschrift nicht zu lang wird, sollten Sie auf Artikel verzichten und auf Satzkonstruktionen, die Satzzeichen erfordern.
  Nicht: Bürgermeisterin erstattet Anzeige gegen Minister ABC wegen Körperverletzung im Amt durch Unterlassung.
  Sondern: Bürgermeisterin zeigt Minister ABC wegen Körperverletzung an.
- Damit eine Überschrift griffig wird, sollten Sie Substantivierungen und das Passiv vermeiden.
  Nicht: Spendenübergabe im Rathaus.
  Sondern: Spende im Rathaus übergeben.
  Nicht: Uni Osnabrück wird von Abiturientinnen getestet.
  Sondern: Abiturientinnen testen Uni Osnabrück.

Anführungszeichen werden in Überschriften nur bei direkter Rede gesetzt, wenn die oder der Zitierte nicht erwähnt wird. Also entweder: *»Landesregierung gefährdet Aids-Hilfe«* oder: *SPD: Landesregierung gefährdet Aids-Hilfe*, jedoch nicht: *SPD: »Landesregierung gefährdet Aids-Hilfe«.*

Mit einer Dach- oder Unterzeile können Sie die Aussagekraft und den Leseanreiz erhöhen:

Dachzeile:	Verona Feldbuch engagiert sich für Schulen
Überschrift:	1 Million für Computer gespendet

Überschrift: Telefonieren wird billiger
Unterzeile: Telekom senkt die Grundgebühren

Die Größe einer Überschrift richtet sich nach der Bedeutung und der Länge eines Beitrags. Wichtige und längere Beiträge werden mit einer größeren Überschrift versehen als kleine Beiträge. Entscheidend ist, dass die Überschrift und der Text in einem ausgewogenen Verhältnis zueinander stehen.
Längere Texte brauchen *Zwischenüberschriften.* Sie sind ein wichtiges Mittel, um das Lese-Interesse aufrechtzuerhalten. Das kann gelingen, wenn die Zwischenüberschriften das Wichtigste eines Textabschnitts in wenigen, anschaulichen Worten zusammenfassen. Ein fast gelungenes Beispiel: Die Selbstdarstellung einer Pflegestation wird mit folgenden Zwischenüberschriften gegliedert:
- Was ist Pflege?
- Was sind die Bestandteile und Inhalte der Pflege?
- Welche Einzelmaßnahmen können wir übernehmen?
- Wie wird Pflege finanziert?
- Was sind die Kernaufgaben unserer Sozialstation?
- Ihre Ansprechpartnerinnen!

Mir gefällt, wie hier die W-Fragen eingesetzt wurden (konsequenterweise müsste die letzte Überschrift auch mit einer W-Frage beginnen). Doch die Formulierungen sind verbschwach und substantivlastig. Mit Ausnahme von *können* wurden nur Hilfsverben verwandt. Und ausgerechnet das Modalverb *können* ist überflüssig: »Welche Einzelmaßnahmen übernehmen wir?« genügt. *Einzelmaßnahmen* ist ebenso scheußlich wie *Kernaufgaben* und *Bestandteile und Inhalte der Pflege.* Ich entschlacke diese Formulierungen und füge zwei »Vollverben« hinzu:
- Was ist Pflege?
- Was gehört zur Pflege?
- Was können wir für Sie tun?
- Wer zahlt?

- Was können Sie von uns erwarten?
- Wir sind für Sie da!

Für eine gute Überschrift müssen Sie keine Schaumschlägerei betreiben, sondern ein »Konzentrat« herstellen; Sie müssen nicht dichten, sondern verdichten: das Wichtigste in wenigen, anschaulichen Worten zusammenfassen.

Die Form muss stimmen: Das Manuskript

Wenn Sie sich die Mühe gemacht haben, einen Text für eine Zeitung zu schreiben, dann sollten Sie auch noch die Zeit und Energie für ein ordentliches Manuskript aufbringen. Sie erleichtern damit Redakteurinnen und Redakteuren die Arbeit und erhöhen so die Chance, dass Ihr Text gebracht wird. Zudem erspart ein ordentliches Manuskript Ärger (und Geld) beim Setzen eines Textes. Das ist ein wichtiger Gesichtspunkt, wenn Ihr Verein oder Ihre Initiative eine Zeitung herausgibt.

- **Die äußere Form**

Der erste Eindruck ist oft entscheidend. Wenn Sie einer Zeitung keine Sensationsmeldung anzubieten haben, sollte Ihr Manuskript so aussehen, dass der zuständige Redakteur es nicht gleich in den Papierkorb wirft. Deshalb:

- schreiben Sie mit dem PC oder mit der Schreibmaschine,
- achten Sie auf ein gut lesbares Schriftbild,
- verwenden Sie DIN-A4-Papier,
- beschreiben Sie jedes Blatt nur einseitig,
- schreiben Sie mit großem Zeilenabstand, das erleichtert das Redigieren,
- lassen Sie einen breiten Rand für Korrekturen (höchstens 60 Zeichen bzw. Anschläge pro Zeile),
- vermeiden Sie Tippfehler.

Und vergessen Sie nicht,
- im Anschreiben das zuständige Ressort zu vermerken (Lokalredaktion, Frauenredaktion usw.),
- Ihren Namen und Ihre vollständige Anschrift anzugegen.

Bei Leserbriefen sollten Sie zudem auf folgende drei Punkte achten:
- Kurze Briefe (ca. 30 Zeilen mit 60 Anschlägen bzw. Zeichen) haben die größte Chance gedruckt zu werden.
- Geben Sie den Titel und das Datum des Artikels an, auf den sich Ihr Leserbrief bezieht.
- Formulieren Sie eine treffende Überschrift.

»Schreibregeln«

Redakteure stehen meist unter Zeitdruck. Es ärgert sie daher, wenn sie im Text viel redigieren müssen. Stimmen Sie »Ihre« Redakteurin freundlich, indem Sie ihr diese Arbeit ersparen. Beachten Sie einige Regeln des Metiers:

- **Zahlen**

Heute gilt die alte Buchdruckerregel nicht mehr, nach der die Zahlen von 1 bis 12 in Buchstaben und die Zahlen ab 13 in Ziffern zu schreiben sind.
- Die Zahlen von 1 bis 12 werden in Ziffern geschrieben, wenn die Zahl und das folgende Hauptwort besonders beachtet werden sollen: Festplatte mit *2 Gigabyte*, Kurbel mit *4 Wellen.*
- In Ziffern schreibt man Dezimalzahlen (6,5 Prozent), Zahlen vor Abkürzungen (10 DM, 8 cm) und Wertangaben (Briefmarken zu 80 Pfennig).
- Zahlen ab 13 können ausgeschrieben werden, sofern sie übersichtlich sind: »Sie blickte auf fünfzig Berufsjahre zurück.«
- Für ungefähre Angaben gilt: Was nicht exakt gemeint ist, sollte nicht in Ziffern geschrieben werden: »Tausend Teilnehmer«, wenn es nicht exakt 1000 sind.

- Bei Vergleichen und Aufzählungen wird für Zahlen eine Schreibweise gewählt: »Gegen den Antrag stimmten 25 Kolleginnen, dafür 8.«

- **Abkürzungen**

Vermeiden Sie Abkürzungen.

- **Namen**

Personen werden in Meldungen und Berichten mit Vor- und Zunamen erwähnt. Es ist nicht üblich, *Herr* oder *Frau* dem Namen voranzustellen. Titel wie *Dr.* oder *Prof.* werden in einigen Medien genannt, in anderen nicht. Titel sollten dann aufgeführt werden, wenn sie mit dem Inhalt einer Meldung oder eines Berichts direkt zu tun haben.

- **Korrekturen**

Wenn Sie sich verschrieben haben, sollten Sie weder einen Buchstaben überschreiben noch ein Wort in den laufenden Text einfügen. Verwenden Sie die üblichen Korrekturzeichen, die im *Duden* Band 1 (Rechtschreibung) erläutert werden. Enthält Ihr Text viele Fehler, sollten Sie ihn noch einmal tippen bzw. drucken: Auch die Form muss stimmen.

Zusammenfassung:
1. Texte brauchen einen Leseanreiz. Den erreichen Sie mit einer pfiffigen Überschrift.
2. Der erste Eindruck ist wichtig: Geben Sie deshalb nur Texte an die Presse, bei denen auch die äußere Form stimmt.

! **Buch-Tipp:**

Überschrift: Norbert Franck: Presse- und Öffentlichkeitsarbeit. Ein Ratgeber für Vereine, Verbände und Initiativen. Köln 1996.
Korrekturvorschriften: Duden. Band 1: Die deutsche Rechtschreibung.

4. Musterlösungen

Übung 3

Am 12. Januar beginnt in der Fachhochschule für Sozialarbeit, Fritz-Erler-Straße 122–132, eine Konferenz über Vorbeugemaßnahmen gegen den Drogenkonsum, dem immer mehr Jugendliche aufgrund von mangelndem Selbstwertgefühl, Perspektivlosigkeit und anderen Faktoren gerade in Zeiten wachsender Arbeitslosigkeit verfallen. Die Bekämpfung des Drogenkonsums beschränkt sich in den letzten Jahren nicht mehr auf die Herstellung von Informationsbroschüren und abschreckenden Plakaten, sondern verlagert sich in den Bereich der Vorbeugung, mit der sich auch die Teilnehmer der Fachkonferenz, die von Staatssekretär Hammerbacher eröffnet wird, beschäftigen werden.

Ich schlage vor, mit Ausführungen zum Thema zu beginnen (und Schachtelsätze zu vermeiden):
Immer mehr Jugendliche greifen zu Drogen. Mangelndes Selbstwertgefühl und Perspektivlosigkeit sind Ursachen dieser Entwicklung, die sich beschleunigt, wenn die Arbeitslosigkeit zunimmt. Die Bekämpfung des Drogenkonsums beschränkt sich in den letzten Jahren nicht mehr auf die Herstellung von Informationsbroschüren und abschreckenden Plakaten. Vorbeugung gewinnt an Bedeutung. Vorbeugemaßnahmen gegen Drogenkonsum ist das Thema einer Fachkonferenz in der Fachhochschule für Sozialarbeit, die Staatssekretär Hammerbacher am 12. Januar eröffnet. Die Fachhochschule ist in der Fritz-Erler-Straße 122–132.

Übung 4

1. Aktion gegen Sextourismus

Ergebnisbericht:
Über zehntausend Frankfurter Bürgerinnen und Bürger unterschrieben eine Resolution gegen den Sextourismus.

Handlungsbericht:
Innerhalb von 30 Minuten war gestern der Katalog »Männer ihrer Träume« vergriffen, den Frauen im Rahmen einer Aktion gegen Sextourismus auf der Frankfurter Hauptwache verteilten.

Zitatenbericht:
»Von diesem Skandal habe ich überhaupt nichts gewusst«, empörte sich die Bankangestellte Claudia M. gestern am Stand der Akton gegen Sextourismus.

2. Jahreshauptversammlung

Ergebnisbericht:
Stadtdirektor Otto Fries unterlag bei den Wahlen zum Vorstand des XYZ der Grünen Ursula Hentschel.

Handlungsbericht:
Stürmischer Applaus und 20 rote Rosen für Ursula Hentschel, Wut und Ärger bei den Anhängern von Otto Fries – so endeten die Wahlen zum Vorstand des XYZ.

Zitatenbericht:
»Grüne unterwandern Wohlfahrtsverbände.« Mit dieser Feststellung kommentierte Otto Fries . . .

Übung 5

Pressemitteilung
»Die Versorgung alter und kranker Menschen ist gefährdet.
Netzwerk Ostend: ein konstruktives Lösungsmodell«

Das Netzwerk Ostend ist eine Arbeitsgemeinschaft verschiedenster Einrichtungen der Altenarbeit. Die mitarbeitenden Repräsentantinnen der unterschiedlichen Institutionen stellten ihre Vorschläge zur Verbesserung der Situation alter Menschen den zuständigen BezirkspolitikerInnen und Bundestagsabgeordneten vor.

Es wurden u. a. angesprochen:
- Einrichtung eines pflegerischen Notdienstes;
- Schaffung von Transparenz über das vorhandene Angebot, z.B. in Form eines Stadtteilführers;
- Unterstützung von pflegenden Angehörigen durch Schulung und Beratung.

Der Sozialdezernent, Herr Dehm, der Bundestagsabgeordnete Herr Vogt sowie die VertreterInnen der Bezirksfraktionen zeigten sich beeindruckt von der kooperativen Zusammenarbeit und wollen das Netzwerk auch in Zukunft unterstützen.

Die *Einrichtung, Schaffung* und *Unterstützung* sind steife Substantivierungen. Dynamischer klingt

- wie ein Pflegenotdienst eingerichtet werden und
- das Angebot transparent (überschaubar) gemacht werden kann (am Rande: wenn es ein Angebot gibt, dann ist es immer *vorhanden* – ein *vorhandenes Angebot* ist ein Doppelmoppel),
- wie pflegende Angehörige durch Schulung und Beratung unterstützt werden können.

Sich beeindruckt zeigen ist pathetische Politikersprache (wie sahen die Politiker aus, als sie sich beeindruckt *zeigten*?). Wenn es denn sein muss, genügt *waren beeindruckt*.
Schließlich können die ersten beiden Sätze abgespeckt werden:
MitarbeiterInnen des Netzwerks Ostend, einer Arbeitsgemeinschaft verschiedener (statt verschieden*ster*) Einrichtungen der Altenarbeit, stellten *gestern im Rathaus* ihr Vorschläge zur Verbesserung der Situation alter Menschen vor. Eingeladen waren . . .

V. Fakten, Fakten, Fakten: Protokoll und Bericht

Protokolle und Berichte sind unverzichtbare Arbeitsmittel – im Beruf, in der Aus- und Weiterbildung. Um diese beiden Textformen geht es auf den folgenden Seiten. Ich kann mich kurz fassen. Vieles von dem, was im zweiten und dritten Kapitel steht, gilt auch für Protokolle und Berichte: Sie sollten verständlich und ohne Schnörkel formuliert werden. Was ist darüber hinaus zu beachten?

1. Weniger ist mehr: Das Protokoll

Protokolle sind in vielen Zusammenhängen nützlich. Protokolle zu schreiben ist lästig. Diese Last wird gemindert, wenn Sie mit den Anforderungen vertraut sind, die ein Protokoll erfüllen muss. Ich gehe auf die Struktur und Funktion, den Stil und die Gestaltung der drei Protokollformen ein, die am häufigsten geschrieben werden: das Ergebnis-, das Diskussions- und das »Kurz«protokoll.[1]

Struktur und Funktion

Protokolle sind ein *Arbeits*mittel. Gute Protokolle erleichtern die Arbeit – weil sie alle notwendigen Informationen enthalten. Schlechte Protokolle machen Arbeit – weil sie eine Mixtur aus wichtigen und unwichtigen Informationen sind.

1 Auf eine Sonderform des Protokolls gehe ich nicht näher ein: das wissenschaftliche Protokoll. Es dokumentiert Aussagen und Handlungen (zum Beispiel den Verlauf einer Unterrichtsstunde) und ist eine Methode zur Informationsgewinnung. Wenn Sie während Ihrer Aus- oder Weiterbildung solche Protokolle schreiben wollen oder müssen, finden Sie ausführliche Informationen bei Rückriem u. a. (vgl. den Buch-Tipp auf S. 134).

In guten Protokollen sind die Ergebnisse von Besprechungen so festgehalten, dass alle an einem Arbeitsprozess Beteiligten präzise informiert werden über

- den Stand der Dinge,
- alle Entscheidungen,
- die nächsten Schritte,
- die Verantwortlichen bzw. Zuständigen,
- Fristen und Termine.

Präzise informieren heißt: Auch die, die nicht an einer Besprechung teilgenommen haben, müssen nach der Lektüre des Protokolls wissen:

- Was wurde beschlossen?
- Was muss von wem in welchem Zeitraum noch getan werden?

Für Protokolle gilt das *Focus*-Motto: *Fakten, Fakten, Fakten.* Sie sind nicht der Ort für Geschichten. Zur Abteilung Geschichten gehören Protokolle nach folgendem Muster:

> »Einrichtung einer Kantine
> Herr Widmaier bittet Herrn Link, der Direktion vorzuschlagen, bei der Einrichtung eines neuen Verwaltungsgebäudes auch eine Kantine mit einzuplanen.
> Ergebnis: Herr Link erklärt sich bereit, die Direktion über den Wunsch einer Kantine zu unterrichten und die Anwesenden sobald wie möglich über das Gesprächsergebnis zu informieren.« (Briese-Neumann 1994, S. 106)

Ob Herr Widmaier oder jemand anders Herrn Link gebeten hat, der Direktion einen Vorschlag zu machen, ist ebenso nebensächlich wie die Tatsache, dass sich Herr Link »bereit erklärt«.
Knapper und präziser und damit funktionaler lässt sich der zitierte Protokoll-Auszug so formulieren: Herr Link wird der Direktion vorschlagen, im neuen Verwaltungsgebäude eine Kantine einzurichten. Er informiert über das Ergebnis seines Gesprächs mit der Direktion bis zum 11.7. (Nur am Rande: Eine Kantine hat keine Wünsche.)

Ein Protokoll sollte das Wesentliche einer Besprechung dokumentieren. Anlehnungen an das diplomatische Protokoll machen Arbeit – dem, der das Protokoll schreibt, und denen, die es lesen. In Protokolle, die der Arbeit dienen sollen, gehören deshalb keine Begrüßungen und Danksagungen, keine Einleitungen und umständliche Schilderungen, wie ein Ergebnis zustande kam. (Herr Widmaier *bittet*, Herr Link *erklärt sich bereit.*)

Ergebnisprotokoll

Überall dort, wo es um Effizienz geht, ist meist das Ergebnisprotokoll die richtige Wahl. Ein Beispiel:

1. Entwürfe für die Modafon AG
Der Kunde ist mit dem Text nicht zufrieden. Ihm fehlen anschauliche Beispiele für den Vorzug seines Produktes und Zwischenüberschriften, die zum Lesen anregen.
> Wir nehmen *Zukunft* als Leitmotive für die Beispiele und Zwischenüberschriften.
[ ] Vera Franberg schreibt bis zum 16.9. einen zweiten Entwurf.

2. Fotos für die Kundenzeitung von Mannomann
Acht Fotos sind freigegeben. Für die Reiseseite und die Ernährungstipps wünscht der Kunde andere Motive.
> Für die Reiseseite: Fotos von Paaren; für die Ernährungstipps: Fotos von Familien.
[ ] Petra Freier macht bis zum 25.9. neue Vorschläge.

3. Urlaub
Wegen des neuen Auftrags vom Umweltministerium kann vom 16.9. bis zum 1.10. kein Urlaub genommen werden.

4. Betriebsausflug
Ziel des Betriebsausflugs am 3.10. ist Regensburg.
[ ] Vera Franberg macht am 20.9. einen Vorschlag, wie der Tag gestaltet werden kann.

Unwichtig ist, wer Regensburg als Ziel des Betriebsausflugs vorgeschlagen und wer darüber informiert hat, dass die Modafon AG mit dem Text nicht zufrieden ist. Deshalb tauchen diese Angaben im Protokoll nicht auf. Festgehalten wurde nur, worauf es ankommt, was alle wissen müssen:

- Wie ist der Stand der Dinge?
- Wie geht es weiter?
- Wer macht was bis wann?

Die Klammer bei Arbeitsschritten und Verantwortlichen dient der Beschlusskontrolle – sie verweist darauf, dass noch etwas aussteht, das *erledigt* fehlt [✓].

Übung 1

Machen Sie aus dem folgenden Protokoll einer Vorstandssitzung ein Beschlussprotokoll.

»Vorstandssitzung, Donnerstag, 5. April 2001

Anwesend: Petra Bertram, Detlef Schulze, Christa Ströbele, Heinz Wolf
Entschuldigt: Vera Krieger
Die Vorsitzende eröffnet die Sitzung um 19 Uhr 30 und stellt die Beschlussfähigkeit fest.

Tagesordnungspunkt 1: Beantragung von Sondermitteln
Der Geschäftsführer erläutert den Antrag auf Sondermittel für ein neues Ruderboot, der an den Kreistag gestellt werden soll. Nach kurzer Diskussion wird der Antrag in der vorliegenden Form gebilligt.

Tagesordnungspunkt 2: Teilnahme am Turmstraßenfest
Die Vorsitzende schlägt vor, auch in diesem Jahr wieder am Turmstraßenfest teilzunehmen. Frau Ströbele spricht sich gegen eine Beteiligung aus. Sie meint, das Fest sei kein wirk-

liches Fest der Vereine mehr, sondern ein »Kommerzrummel«. Nach einer lebhaften Diskussion stellt die Vorsitzende den Antrag auf Abstimmung.
Ergebnis: 3:1 für eine Beteiligung.

Tagesordnungspunkt 3: Nächste Mitgliederversammlung
Die nächste Mitgliederversammlung findet am 9. Mai 2001 (19 Uhr) statt. Vorgesehene Tagesordnung:

1. Rechenschaftsbericht des Vorstands
2. Bericht der Kassenprüfer
3. Entlastung des Vorstands
4. Neuwahl des Vorstands
5. Verschiedenes

Tagesordnungspunkt 4: Verschiedenes
Frau Bertram erinnert an die Einladung der Bürgermeisterin zu einem Empfang im Rathaus: am 15. April, um 19 Uhr 30.

Die Vorsitzende schließt die Sitzung um 21 Uhr 45.
Nächste Vorstandssitzung: Donnerstag, 17. Mai 2001, 19 Uhr 30.
Detlef Schulze, Schriftführer«

Meinen Vorschlag finden Sie am Ende des Kapitels

Diskussionsprotokoll

Sollen die Argumente festgehalten werden, auf denen Entscheidungen beruhen, ist das Diskussionsprotokoll die angemessen Form. Ein Diskussionsprotokoll ist keine Nacherzählung. Der Diskussions*verlauf* mit allen Wiederholungen, Schlenkern, Nebensächlichkeiten usw. interessiert nicht. Deshalb verwende ich nicht den Begriff »Verlaufs«protokoll.

In einem Diskussionsprotokoll wird konzentriert und strukturiert festgehalten:

- Was spricht – warum – für eine geplante Entscheidung?
- Was spricht – warum – gegen eine Entscheidung?
- Welche Fragen bzw. Probleme konnten geklärt werden?
- Welche Fragen bzw. Probleme blieben unbeantwortet bzw. ungeklärt?

Das ist Pflicht. Zur Kür zählt eine Bilanz der Übereinstimmungen und Differenzen, der offenen Fragen und ungeklärten Probleme.

Übung 2

Das Gegenteil von konzentriert und strukturiert ist das folgende Protokoll einer Besprechung über Betriebsferien. Machen Sie aus dieser missglückten Prosa ein vernünftiges Diskussionsprotokoll

»Herr von Döring	begrüßt die Anwesenden und eröffnet die Diskussion.
Frau Denker	referiert die Meinung der Belegschaft: • Alle Arbeitnehmer könnten bei Einführung von Betriebsferien ihren Urlaub während des Sommers verbringen. • Drei Wochen Betriebsferien Ende Juli/Anfang August *seien* eine gute Lösung. • Die Betriebsferien müssten trotz aller Probleme in den Schulferien liegen.

Herr Kratzer	vertritt die Bedenken der Betriebsleitung: Zwei Wochen Betriebsferien *seien* in der Produktion eher zu verkraften als drei Wochen. Der Produktionsausfall bleibe vertretbar. Ferner entstehe nur ein geringfügiger Nachteil gegenüber der Konkurrenz.
Frau Denker	entgegnet, die Belegschaft *sei* in der Mehrzahl zu Überstunden bereit, um den voraussehbaren Produktionsausfall abzufedern.
Herr von Döring	wendet ein, daß Überstunden wegen zu hoher Kosten problematisch *seien*. Zudem *seien* Überstunden in Krisen nicht vertretbar. Die gegenwärtige Wirtschaftslage habe Überstunden nachgerade in Verruf gebracht. Sie könnten unter Umständen sogar verboten werden.
Frau Denker	stellt diesen Bedenken den in der übrigen Zeit optimalen Produktionsverlauf gegenüber.
Frau Pickel	betont die Effizienz des Schreibdienstes, die in jedem Falle gewährleistet *sein* werde.« (Briese-Neumann 1994, S. 101f. – Herv. von mir)

Meinen Vorschlag finden Sie am Ende des Kapitels.

Kurzprotokoll

Das Kurzprotokoll, eine Mischung aus Ergebnis- und Diskussionsprotokoll, ist sinnvoll, wenn Entscheidungen das Ergebnis einer kontroversen Diskussion sind. Dann werden die *wesentlichen* Argumente für und wider einen Beschluss, ein Vorhaben usw. festgehalten. Ein Beispiel:

Beteiligung am Bürgerfest
Am 30.7. findet in der Altstadt das Bürgerfest statt, an dem sich unser Unternehmen seit elf Jahren beteiligt.

- Aus dem *Vertrieb* kommt der Vorschlag, auch in diesem Jahr wieder am Bürgerfest teilzunehmen: Das Fest ist eine gute Möglichkeit, die gesamte Produktpalette der Öffentlichkeit vorzustellen.
- Die Leiterin des *Kundendienstes* unterstützt diesen Vorschlag.
- Der Leiter des *Marketing* spricht sich gegen eine Beteiligung aus: Das Fest hat sich zu einem Verkaufsrummel für Billigprodukte entwickelt und ist deshalb nicht mehr der angemessene Rahmen zur Präsentation hochwertiger Markenprodukte. Das Geld für den Stand kann besser angelegt werden – zum Beispiel für ein öffentlichkeitswirksames Sponsoring.
  Die Personal-, die Entwicklungsabteilung und der Betriebsrat befürworten diesen Vorschlag.

Beschluss:

1. Wir beteiligen uns nicht mit einem Stand am Bürgerfest.
2. Die Mittel, die im letzten Jahr für die Beteiligung am Bürgerfest investiert wurden, werden in diesem Jahr für Sponsoring eingesetzt.
   [ ] Aus der Marketing-Abteilung kommen bis zum 2.5. Vorschläge,
   a) welche Einrichtung bzw. welches Projekt gefördert weren soll,
   b) wie das Sponsoring aussehen und
   c) mit welchen Werbemaßnahmen das Sponsoring begleitet werden soll.

Zwei Anmerkungen zu diesem Kurzprotokoll:

1. Findet eine Abstimmung statt, ist das Ergebnis festzuhalten. Entweder ohne Angabe der Namen bzw. Abteilungen:
   - Für eine Beteiligung am Stadtfest: 2 Stimmen, dagegen: 4.
   - Für den Vorschlag der Marketing-Abteilung: 5 Stimmen, dagegen: 0, Enthaltungen: 1.

   Oder mit Angabe der Namen bzw. Abteilungen:
   - Für eine Beteiligung am Stadtfest: Stephan Blum (Vertrieb), Petra Marx (Kundendienst).
     Gegenstimmen: Christian Buch (Marketing), Peter Konrad (Personalabteilung), Karin Dammberg (Entwicklungsabteilung) und Christian Erdmann (Betriebsrat).
   - Für den Vorschlag der Marketing-Abteilung: Christiane Buch (Marketing), Peter Konrad (Personalabteilung), Karin Dammberg (Entwicklungsabteilung) und Christian Erdmann (Betriebsrat), Petra Marx (Kundendienst).
     Gegenstimmen: Keine.
     Enthaltungen: Stephan Blum (Vertrieb).
2. In dem Beispiel stehen keine Namen. Das hat nur einen Grund: Das Protokoll wird kürzer.

Stil und Gestaltung

Für die Gestaltung eines Protokolls sind einige Standards und ein Leitkriterium zu beachten. Zunächst zu den *Standards*:

- **Protokoll-»Kopf«**

Ein Protokoll beginnt mit folgenden Angaben:

1. *Was* wird protokolliert?
   Zum Beispiel: Protokoll der *Vorstandssitzung*.
2. *Wer* hat teilgenommen?
   Folgende Unterscheidungen können sinnvoll sein:
   - Teilnehmerinnen und Teilnehmer (aus dem Hause),

- Gäste,
- Personen, die nur zeitweise teilgenommen haben,
- Personen, die nicht anwesend waren.

3. *Wer* leitete die Sitzung?
4. *Wann* fand die Sitzung, Besprechung usw. statt?
5. *Wo* fand sie statt?
   Diese Angabe ist nicht erforderlich, wenn der Ort nicht wechselt. Hinweise wie *kleiner* oder *großer Sitzungssaal* sind überflüssig.
6. *Wer* führte Protokoll?

Eine verbindliche Reihenfolge für diese Punkte gibt es nicht. Die Teilnehmerinnen und Teilnehmer werden in alphabetischer Reihenfolge aufgeführt – sofern nicht Hierarchien zu beachten sind. Sprachmurks ist die Formulierung »Entschuldigte *Teilnehmer*« – wer nicht teilnimmt, ist kein Teilnehmer. Wenn es notwendig ist, die Personen aufzuführen, die nicht anwesend waren, sind angemessene Formulierungen: *abwesend, verhindert* oder *entschuldigt*.

- **Schluss**

Wo es förmlich zugeht, wird das Protokoll – nach der Angabe von Ort und Datum – unterschrieben

1. von der bzw. dem Verantwortlichen oder
2. von der Protokollantin bzw. dem Protokollanten und der bzw. dem Verantwortlichen

Im zweiten Fall ist folgende Aufteilung üblich:
Ort, Datum

(Unterschrift)	(Unterschrift)
Bernd Vogel	Anne Vorbeck
Protokollführer	Vorsitzende

Vor allem in Verwaltungen wird noch ein *Angefertigt* bzw. *Für die Richtigkeit* vor die Unterschrift gesetzt. Nach den Unterschriften steht der Hinweis auf Anlagen zum Protokoll.

Zum *Leitkriterium*: Wer in einem Protokoll etwas nachlesen will, sollte auf Anhieb die gesuchten Angaben finden. Deshalb muss vor allem der Hauptteil klar gegliedert sein.

- **Hauptteil**

Mit vier Kriterien können Sie ein Protokoll übersichtlich gestalten:

1. Thema:	Worum ging es?
2. Aussage:	Was wurde zum Thema gesagt?
3. Ergebnis:	Was wurde beschlossen?
4. Konsequenzen:	Wer macht was bis wann?

Die Punkte drei und vier entfallen, wenn kein Beschluss gefasst wird bzw. ein Ergebnis nicht mit weiterer Arbeit verbunden ist.

- **Stil**

Protokolle sollen sachlich und verständlich sein. Wenn Sie meinen Vorschlägen folgen, brauchen Sie keine weiteren Stil-Besonderheiten zu beachten.
Wenn Sie Verlaufsprotokolle nach dem Muster
Name – Äußerung,
Name – Äußerung
schreiben müssen, empfehle ich, die Wirklichkeitsform zu verwenden.

Herr Brahms:	Der Zustand des Schulhofs ist unbeschreiblich. Die meisten Schülerinnen und Schüler werfen ihren Abfall auf den Boden.
Frau Frey:	Beim letzen Treffen wurde beschlossen, künftig . . .

Der Doppelpunkt macht deutlich, das ist die Auffassung von Herrn Brahms bzw. Frau Frey. Da keine Anführungszeichen gesetzt wurden, entsteht nicht der Eindruck, die Aussage sei wörtlich zitiert.

Zusammenfassung:
Protokolle sind nicht der Ort für Prosa. In Protokollen wird das Wesentliche exakt, verständlich und klar gegliedert wiedergegeben.

! **Buch-Tipp:**
Georg Rückriem, Joachim Stary, Norbert Franck: Die Technik wissenschaftlichen Arbeitens. 10. Aufl. Paderborn 1997 (= UTB 724).

✎ **Übungs-Tipp:**
Verbessern Sie zwei Protokolle, die Sie in letzter Zeit geschrieben bzw. gelesen haben.

2. Auf das Wesentliche kommt es an: Der Bericht

Es gibt viele Berichtsformen: Erfahrungs-, Geschäfts-, Jahres-, Praktikumsberichte und andere mehr. Gemeinsam ist ihnen die Funktion, umfassend zu informieren über Entwicklungen, Ergebnisse und Ereignisse. In der Regel sind Berichte zugleich eine Form der Rechenschaft. Sie informieren daher auch, wie diese Ergebnisse usw. zustande gekommen sind. Schließlich gehört zu einem Bericht die Bewertung der Ergebnisse und Entwicklungen. Berichte müssen »selbständige« Texte sein, das heißt: ohne jede Ergänzung verstanden werden können.
Jeder Bericht enthält zunächst bestimmte Grundinformationen. Dazu gehören:
- die Berichts*art* (Erfahrungsbericht, Jahresbericht usw.),
- das Berichts*thema* (Dienstreise, Vorstandstätigkeit, Mitgliederentwicklung usw.),

- der Berichts*zeitraum*,
- der Name des Bericht*erstatters*.

Ein Praktikumsbericht enthält zudem Angaben über
- den Praktikumsort,
- den Betreuer bzw. die Betreuerin des Praktikums,
- das Fach, in dem das Praktikum gemacht wird.

Für die weitere Gliederung eines Berichts bieten sich folgende vier Kriterien an: Situationsanalyse, Chronologie der Tätigkeit, Darstellung der Ergebnisse, Dokumentation.

1. Auf der Grundlage einer *Situationsanalyse* können die Entwicklungen und Ergebnisse beurteilt werden, über die ein Bericht informiert. In einer Situationsanalyse werden die Rahmenbedingungen der Tätigkeit benannt, über die berichtet werden soll. Dazu zählen:
   »Interne Situation«
   - quantitative Situation (z. B. Zahl der Beschäftigten),
   - Binnengliederung (z. B. Personalstruktur),
   - materielle Situation (z. B. Räumlichkeiten, Sachmittel, Geräte),
   - finanzielle Situation,
   - typische interne Konflikte,

   »Außenbeziehungen«
   - Umgebung (z. B. Industriegebiet, Stadtrandsiedlung),
   - Sozialstruktur des Umfelds (z. B. hohe Arbeitslosigkeit),
   - Infrastruktur des Umfelds (z. B. fehlende Kultureinrichtungen),
   - typische Konflikte in den Außenbeziehungen.

2. Die *Chronologie der Tätigkeit* gibt Auskunft über die zeitliche Abfolge aller Tätigkeiten (Treffen, Besprechungen, Reisen usw.). Sie kann tabellarisch dargestellt werden.

3. In der *Darstellung der Ergebnisse*, dem Hauptteil des Berichts, wird zunächst der Zweck bzw. das Ziel der Tätigkeit erläutert.

Dann werden die Schritte geschildert, die unternommen wurden, um diesen Zweck bzw. das Ziel zu erreichen. Hierzu gehören auch Informationen über Bedingungen und (unvorhergesehene) Ereignisse, die die Arbeit förderten oder behinderten. Schließlich sind die Ergebnisse darzustellen und einzuschätzen. Zur Einschätzung gehören:

- eine Beurteilung der Planung und Vorbereitung,
- eine Bewertung der Organisation und Durchführung der Tätigkeit,
- eine Bilanz der erreichten Ziele und der ungelösten Probleme,
- eine Einschätzung, welche Konsequenzen sich für die weitere Arbeit ergeben.

4. Die *Dokumentation* belegt die Aussagen im Bericht. Sie sollte lückenlos sein und kann enthalten: Protokolle, Tabellen, Statistiken, Bilanzen, Interviews, Karten, Zeichnungen, Fotos, Film- oder Videoaufnahmen, Proben, Muster oder Werkstükke usw.

Diese vier Gliederungspunkte beziehen sich auf umfassende Berichte. Nicht jeder Bericht wird zum Beispiel eine Dokumentation oder eine Chronologie der Tätigkeiten enthalten. In manchen Fällen besteht die Dokumentation in der Reisekostenabrechnung. In anderen Fällen wird man andere Gliederungskriterien wählen, unter denen dann einige der hier erläuterten Gesichtspunkte zusammengefasst werden. Die vier Gliederungspunkte sind also nicht schematisch auf alle Berichte anzuwenden. Wichtig ist, dass Sie bei jedem Bericht prüfen:

- Ist es notwendig, eine Situationsanalyse zu geben? Was muss diese Situationsanalyse enthalten?
- Ist eine Chronologie der Tätigkeiten erforderlich? Was muss in dieser Chronologie aufgeführt werden?
- Muss der Bericht eine Dokumentation enthalten? Was muss in die Dokumentation aufgenommen werden?

Zwei Beispiele sollen zeigen, wie Berichte nach den jeweiligen Anforderungen gegliedert werden können und in welcher Form die zuvor erläuterten Gesichtspunkte wiederzufinden sind.

1. Jahresbericht eines Vereins

Rechenschaftsbericht
für den Zeitraum vom 1.10.2000 – 30.9.2001

Arbeitsschwerpunkt
Im Mittelpunkt der Arbeit während des Berichtszeitraums stand die Vorbereitung, Produktion und Begleitung einer Ausstellung über die »Geschichte der Minderheiten in unserer Stadt«.
An der Vorbereitung der Ausstellung nahmen alle Mitglieder des Vereins aktiv teil.
Die Produktion der Ausstellung lag in den Händen von zehn Vereinsmitgliedern. Sie wurden unterstützt von einer ABM-Kraft, Ronald Herfort.
Die Ausstellung wurde am 1. Februar dieses Jahres eröffnet und fand ein lebhaftes Echo in den Medien. Hervorzuheben ist, dass zahlreiche polnische und italienische Zeitungen über unsere Arbeit berichteten.
Die Zahl der Besucherinnen und Besucher lag um 50 Prozent höher als bei unserer letzten Ausstellung.
Die Betreuung der laufenden Ausstellung (vom 1.2. bis zum 15.3.) war unzureichend. Sie wurde fast ausschließlich von Ronald Herfort geleistet. Er engagierte sich zwar mehr als von einer ABM-Kraft zu erwarten war, trotzdem konnten viele Besuchergruppen nicht betreut werden.
Vor der nächsten Ausstellung sollte daher rechtzeitig geplant werden, wie wir dafür sorgen können, dass eine gute Ausstellung auch gut betreut wird.

Mitglieder
Die Zahl der Mitglieder erhöhte sich im Berichtszeitraum von 24 auf 28. Wir haben sieben neue Mitglieder, zwei Kolleginnen sind aus ABC weggezogen, ein Mitglied ist ausgetreten.

Räumlichkeiten
Die Stadt hat unserem Verein vor acht Tagen mitgeteilt, dass sie uns ab 1. Mai nächsten Jahres drei Räume in der Friedensstraße kostenlos zur

Verfügung stellt. Der Verein muss lediglich für Strom, Wasser usw. aufkommen.

Arbeitsmittel
Aufgrund einer großzügigen Spende eines italienischen Kaufmanns, der von unserer Ausstellung begeistert war, konnten wir uns einen leistungsfähigen Computer und einen neuen Drucker anschaffen.

Vorstand
Im Berichtszeitraum wurden zwei neue Vorstandsmitglieder gewählt: Erste Vorsitzende ist seit dem 11. September Brigitte Schönfeld, ihr Stellvertreter Bernd Westhäußer.

Kassenprüfung
Der Verein verfügt über ein Guthaben von DM 4711,00. Die Rechnungsführung wurde überprüft. Einzelheiten sind dem Kassenbericht zu entnehmen.

2. Bericht über eine Dienstreise vom 11. bis 13. November 2000:

Reisezweck:
Besuch der Filialen in Koblenz, Bonn, Essen und Dortmund.

Koblenz (11.11.):
Unsere Kondomeria in Koblenz, die neueste Filiale, hat noch mit großen Anfangsschwierigkeiten zu kämpfen. Nachteilig wirkt sich vor allem aus, dass der Stadtrat in einer Verfügung untersagte, ein Geschäft im Zentrum zu eröffnen. Die Kondomeria kann daher nicht mit Laufkundschaft rechnen. Die Mitarbeiterinnen sind bemüht, durch originelle Werbung auf die Kondomeria aufmerksam zu machen. Der Name »Honi soit qui mal y pense« erscheint mir allerdings nicht sehr glücklich gewählt.
Ich rege an, in drei Monaten eine Rentabilitätsprüfung vorzunehmen.

Bonn (12.11.):
Die Bonner Filiale wird mittlerweile von der Bevölkerung angenommen. Die negative Presseberichterstattung und die ablehnenden Äußerungen einzelner katholischer Pfarrer haben den Erfolg von »Do it« zwar verzögert, aber nicht aufgehalten. Der Umsatz steigt kontinuierlich. Sicher hat zu dieser Entwicklung die Tatsache beitragen, dass Bonn Universitätsstadt ist.

Hervorheben möchte ich die originelle Schaufenstergestaltung der Bonner Filiale. Ich füge einige Fotos bei, die anderen Filialen als Anregung dienen können.

Essen (13.11.):
Die Filiale »Ich will«, die erste in Nordrhein-Westfalen, hat seit sechs Monaten wieder hohe Umsätze. Der Versuch zu Jahresbeginn, die Filiale auf Selbstbedienung umzustellen, erwies sich als Fehlschlag. Offenkundig wünschen die Kunden, in Essen mehr Frauen als Männer, fachkundige Beratung. Seit April werden die Kunden wieder – freundlich und sachkundig – bedient.

Dortmund (13.11.)
Die Arbeit der Filiale wurde über ein halbes Jahr dadurch beeinträchtigt, dass in ihrer unmittelbaren Umgebung drei Sexshops sind. Das Image dieser Läden färbte auf »Careful« negativ ab. Zu einem Durchbruch verhalf der demonstrative Besuch der Jugendstadträtin, über den die Lokal- und die Landespresse ausführlich berichteten. Seit dieser Zeit (September) steigt der Umsatz langsam, aber kontinuierlich.

Übung 3

Berichte sollen so umfassend wie nötig und so knapp wie möglich sein. Prosa ist in Berichten – vor allem in Geschäftsberichten – nicht angebracht. Formulieren Sie den folgenden Bericht, den Lutz Mackensen (1985, S. 242 f.) als ein gutes Beispiel empfiehlt, so um, dass daraus ein sachlicher Bericht ohne Schmus wird.

»Wir konnten auch im Berichtsjahr die Bestände unserer Bücherei erfreulich vermehren. Dabei sahen wir besonders darauf, die Zahl unserer Zeitschriftenabonnements zu erhöhen; wir beziehen jetzt 98 Stück und verfügen damit über alle wesentlichen Periodika unseres Gebietes und der angrenzenden Fachbereiche. Von den neuerschienenen teuren Monographen konnten wir immerhin 56 erwerben, darunter die grundlegenden Darstellungen über unser Arbeitsgebiet von Klages und Dr. Reibeseiger. Mit den 23 neuen Handbüchern stehen nun alle wesentlichen Nachschlagwerte zur Verfügung. Auch unsere

Sammlung an Dissertationen wurde um 31 Stück erweitert; sie füllt jetzt ein eigenes Regal.
Unsere 201 Mitglieder haben uns unsere Bemühungen durch eifrige Benutzung der Bibliothek gedankt. War im Vorjahr unsere Leserschar um 10% gestiegen, so konnten wir im letzten einen neuerlichen Zuwachs von 6% verzeichnen. Wir verliehen mehr als dreieinhalbtausend Bände (im vergangenen Jahr waren es unter dreitausend); jedes Mitglied hat die stattliche Summe von fast 18 (genau 17,8) Büchern zum Studium mit nach Hause genommen. Der Lesesaal wurde fast 2000mal von Mitgliedern aufgesucht (im letzten Jahr etwa 1800mal). Wir sind auf dem richtigen Weg und danken unseren Mitgliedern, daß sie unsere Arbeit durch die Tat anerkennen.«

Meinen Vorschlag finden Sie am Ende des Kapitels.

Zusammenfassung:
Berichte sollen so umfassend wie nötig und so kurz wie möglich informieren, sachlich, verständlich und übersichtlich gegliedert sein.

Übungs-Tipp:
Überarbeiten Sie zwei Berichte, die Sie in letzter Zeit geschrieben bzw. gelesen haben.

3. Musterlösungen

Übung 1

Protokoll

Vorstandssitzung, Donnerstag, 5. April 2001

Anwesend: Petra Bertram, Detlef Schulze, Christa Ströbele, Heinz Wolf
Entschuldigt: Vera Krieger

Tagesordnungspunkt 1: Beantragung von Sondermitteln
Der Vorstand billigt einstimmig den Antrag auf Sondermittel für ein neues Ruderboot, der an den Kreistag gestellt wird.

Tagesordnungspunkt 2: Teilnahme am Turmstraßenfest
Bei einer Gegenstimme wird beschlossen, auch in diesem Jahr am Turmstraßenfest teilzunehmen.

Tagesordnungspunkt 3: Nächste Mitgliederversammlung
Die nächste Mitgliederversammlung findet am 9. Mai 2001 (19 Uhr) statt. Vorgesehene Tagesordnung:
1. Rechenschaftsbericht des Vorstands
2. Bericht der Kassenprüfer
3. Entlastung des Vorstands
4. Neuwahl des Vorstands
5. Verschiedenes

Tagesordnungspunkt 4: Verschiedenes
Frau Bertram erinnert an die Einladung der Bürgermeisterin zu einem Empfang im Rathaus: am 15. April, um 19 Uhr 30.

Nächste Vorstandssitzung: Donnerstag, 17. Mai 2001, 19 Uhr 30.

Detlef Schulze, Schriftführer

Übung 2

»Herr von Döring	begrüßt die Anwesenden und eröffnet die Diskussion.
Frau Denker	referiert die Meinung der Belegschaft: • Alle Arbeitnehmer könnten bei Einführung von Betriebsferien ihren Urlaub während des Sommers verbringen. • Drei Wochen Betriebsferien Ende Juli/Anfang August *seien* eine gute Lösung. • Die Betriebsferien müßten trotz aller Probleme in den Schulferien liegen.
Herr Kratzer	vertritt die Bedenken der Betriebsleitung: Zwei Wochen Betriebsferien *seien* in der Produktion eher zu verkraften als drei Wochen. Der Produktionsausfall bleibe vertretbar. Ferner entstehe nur ein geringfügiger Nachteil gegenüber der Konkurrenz.
Frau Denker	entgegnet, die Belegschaft *sei* in der Mehrzahl zu Überstunden bereit, um den voraussehbaren Produktionsausfall abzufedern.

Herr von Döring	wendet ein, dass Überstunden wegen zu hoher Kosten problematisch *seien*. Zudem *seien* Überstunden in Krisen nicht vertretbar. Die gegenwärtige Wirtschaftslage habe Überstunden nachgerade in Verruf gebracht. Sie könnten unter Umständen sogar verboten werden.
Frau Denker	stellt diesen Bedenken den in der übrigen Zeit optimalen Produktionsverlauf gegenüber.
Frau Pickel	betont die Effizienz des Schreibdienstes, die in jedem Falle gewährleistet *sein* werde.«

Ein mühselig zu lesender unstrukturierter Text

- in einem steifen Stil: Überstunden sind nicht zu teuer, sondern »wegen zu hoher Kosten problematisch«;
- mit sprachlichen Ungereimtheiten: Bedenken können Argumente gegenübergestellt werden, aber nicht ein »optimaler Produktionsverlauf«.

Frau Pickel wollte auch etwas sagen. Das ist ihr gutes Recht – aber kein Grund, ihren Hinweis im Protokoll aufzunehmen.

Mein Vorschlag:
Der Betriebsrat schlägt vor, künftig Ende Juli, Anfang August drei Wochen Betriebsferien zu machen.
Die Betriebsleitung hat Bedenken und plädiert für zwei Wochen.

1. Die Argumente des Betriebsrats für drei Wochen Betriebsferien:
   - Alle Arbeitnehmer können ihren Urlaub während des Sommers verbringen.
   - Der entstehende Produktionsausfall kann durch Überstunden ausgeglichen werden.
   - ...
2. Die Argumente der Betriebsleitung gegen drei und für zwei Wochen Betriebsferien:
   - Es sind Umsatzeinbußen zu befürchten.
   - Überstunden zum Ausgleich des Produktionsausfalls sind zu teuer.
   - ...
3. Fazit:

   ...

Diese Gliederung schafft Ordnung. Sie hilft, sich auf das Wesentliche zu konzentrieren – und erleichtert das Lesen. Das erspart Zeit und Arbeit.

Übung 3

»Wir konnten auch im Berichtsjahr die Bestände unserer Bücherei erfreulich vermehren.«
Kaninchen *vermehren* sich. Bestände kann man erweitern oder vergrößern. Und man kann sich über Zuwachs (oder Nachwuchs) freuen, mit Lust oder Freude im Bett (oder anderswo) zur »Vermehrung« der Menschheit beitragen – man kann aber nichts *erfreulich* vermehren.

»Dabei sahen wir besonders darauf, die Zahl unserer Zeitschriftenabonnements zu erhöhen; wir beziehen jetzt 98 Stück und verfügen damit über alle wesentlichen Periodika unseres Gebietes und der angrenzenden Fachbereiche.«
Stück Abonnements oder Zeitschriften gibt es nicht.

»Von den neu erschienenen teuren Monographien konnten wir immerhin 56 erwerben, darunter die grundlegenden Darstellungen über unser Arbeitsgebiet von Klages und Dr. Reibeseiger. Mit den 23 neuen Handbüchern stehen nun alle wesentlichen Nachschlagwerke zur Verfügung.«
Wieso »immerhin«? Titel von Buchautoren *(Dr.)* werden bei Literaturhinweisen nicht angegeben.

»Auch unsere Sammlung an Dissertationen wurde um 31 Stück erweitert; sie füllt jetzt ein eigenes Regal.«
Stück Dissertation ist überflüssig. Dass die Dissertationen jetzt ein eigenes Regal *füllen*, hat keinen Informationswert.

»Unsere 201 Mitglieder haben uns unsere Bemühungen durch eifrige Benutzung der Bibliothek gedankt.«
Eine Bibliothek hat BenutzerInnen oder LeserInnen – keine *Mitglieder* (sie stellt daher auch einen »Benutzerausweis« aus und keinen Mitgliedsausweis). Woher weiß der Verfasser, dass die »Mitglieder« *gedankt* haben? Vielleicht haben sie nur ganz selbstverständlich das vorhandene Angebot genutzt (und waren unzufrieden darüber, dass das Angebot nicht besser ist).

»War im Vorjahr unsere Leserschar um 10% gestiegen, so konnten wir im letzten einen neuerlichen Zuwachs von 6% verzeichnen.«
Eine Vogelschar passt in Kinder- und Volkslieder. Der Ausdruck »Leser*schar*« gehört nicht in einen Bericht.

»Wir verliehen mehr als dreieinhalbtausend Bände (im vergangenen Jahr waren es unter dreitausend); jedes Mitglied hat die Summe von fast 18 (genau 17,8) Büchern zum Studium mit nach Hause genommen.«

Woher weiß der Verfasser, dass die Bücher *zum Studium* mitgenommen wurden? Vielleicht wurden sie auch gar nicht mit *nach Hause* genommen.

»Der Lesesaal wurde fast 2000-mal von Mitgliedern aufgesucht (im letzten Jahr etwa 1800-mal). Wir sind auf dem richtigen Weg und danken unseren Mitgliedern, dass sie unsere Arbeit durch die Tat anerkennen.« *Auf dem Weg* wohin? Warum *richtig*? Woher weiß der Berichterstatter, dass die Benutzer die Arbeit *anerkennen* (s. o.).

Ohne überflüssigen Wortballast liest sich der Bericht so:

Jahresbericht

1. Bestand

Insgesamt
Im Berichtszeitraum erhöhte sich der Bestand unserer Institutsbibliothek von 14 924 auf 15 044. Das ist ein Zuwachs von acht Prozent.

Zeitschriften
Die Zahl der abonnierten Zeitschriften stieg von 88 auf 98. Die Bibliothek hat damit alle wesentlichen Periodika des Fachgebietes und angrenzender Gebiete.

Monographien
Es wurden 56 neue Monographien erworben. Aufgrund von Sondermitteln konnten auch teure Werke angeschafft werden, darunter die grundlegenden Arbeiten von Klages und Reibeseiger.

Handbücher
Mit der Anschaffung von 23 Handbüchern stehen in der Bibliothek nun alle wesentlichen Nachschlagewerke zur Verfügung.

Dissertationen
Der Bestand wurde um 31 Arbeiten erweitert.

2. Benutzerinnen und Benutzer

Zahl
Die Bibliothek wurde von 201 Institutsangehörigen genutzt. Das bedeutet einen Zuwachs von sechs Prozent.

Ausleihe
Im Berichtszeitraum wurden dreieinhalbtausend Bände ausgeliehen. Im Jahr zuvor waren es unter dreitausend. Durchschnittlich hat jeder Benutzer knapp 18 Bücher (17,8) im Jahr ausgeliehen.

Lesesaal
Der Lesesaal wurde fast zweitausendmal genutzt (im Jahr zuvor rund achtzehnhundertmal).

Zusammengefasst: Sowohl der Bestand als auch die Nutzung der Bibliothek entwickelten sich im Berichtszeitraum positiv.

VI. Freundlicher Ton, lebendige Sprache: Briefe

Steht in Ihrem Bücherregal ein »Briefsteller«? Sie kennen nur Briefzusteller, Briefträger und Briefträgerinnen, aber keine »Briefsteller«? *Briefsteller* sind Schablonen-Lieferanten, die »Musterbriefe für alle Gelegenheiten« anbieten. *Briefe zu Geburt und Taufe, Behördenkorrespondenz, Worte und Briefe der Anteilnahme* lauten einige Briefsteller-Titel. Selbst für Verliebte gibt es Musterbriefe. Zwei Kostproben für die »Gelegenheit« Geburt:
Holger Beitz bietet folgende Sprichwörter aus Italien und Brasilien an:

- »Eine Geburt macht nicht satt.«
- »Ist der Mensch geboren, so fängt er an zu sterben.«
- »Viele werden geboren, aber wer davon wird wirklich geliebt?« (1986, S. 93)

Die Empfängerin und der Empfänger werden sich über solche Sprichwörter freuen.
Für Elisabeth Ruge ist es ein »Trauerfall«, wenn eine unverheiratete Frau ein Kind erwartet. Deshalb erhält die Schwangere auch keine Glückwünsche. Vielmehr wird ihr mitgeteilt: »Vorsorglich haben wir schon auf dem Dachboden gekramt und gemerkt, daß wir Deinem Sprößling eine ansehnliche Ausstattung zu vermachen haben.« (1979, S. 64) – Abgetragene Klamotten statt eines Glückwunschs. Wie nett.
Die zitierten *Briefsteller* sind aus dem letzten Jahrhundert. Die meisten Büchereien stört das nicht: die Schablonen-Lieferanten stehen noch immer in den Regalen. Doch auch viele neue Musterbrief-Bücher bieten meist nur Floskeln, Pathos und altmodisches Kontordeutsch an.
Die Menschen sind verschieden. Deshalb passen Briefe »von der Stange« nicht. Zumal wenn auf der Stange Bürokratendeutsch hängt. Das sollten Sie Ihren Mitmenschen nicht zumuten. Vor

allem dann nicht, wenn der Schreibanlass wichtig ist. Eine Bewerbung zum Beispiel muss sich so genau wie möglich auf den Text einer Stellenanzeige beziehen. Jede Bewerbung ist eine neue Situation und erfordert ein neues Bewerbungsschreiben. Wer Musterbriefe kopiert, mindert die Chance, zu einem Vorstellungsgespräch eingeladen zu werden. Deshalb raten Personalchefs und Karriereberaterinnen davon ab, sich an Musterbewerbungen oder Musterlebensläufen zu orientieren.
Wer abschreibt lernt nichts. Musterbriefe sind Muster ohne Wert. Es gibt nur nützliche *Anregungen* für gute Briefe, die situationsbezogen und orientiert an den Empfängerinnen und Empfängern umgesetzt werden müssen. Solche Anregungen gebe ich auf den nächsten Seiten: Tipps für Geschäftsbriefe, die freundlich direkt zur Sache kommen, verständlich und ansprechend sind. Drei Hinweise vorab:

1. Private Briefe sind persönliche Briefe. In die Intimsphäre anderer Menschen mische ich mich nicht ein. Eine Empfehlungen riskiere ich: Wenn Sie in der Schule gelernt haben, man fängt einen Brief nicht mit »ich« an, wer häufig »ich« schreibt, ist egoistisch – vergessen Sie es. Private Briefe sind *Ich*-Briefe. Sie können mit *ich* anfangen, sollen von sich schreiben. Schreiben Sie zum Beispiel aus dem Urlaub nicht nur, dass die Sonne scheint, das Wasser sauber und die Unterkunft miserabel ist. Für unpersönliche Informationen dieser Art gibt es Postkarten, auf denen solche Sätze vorgegeben sind und nur noch angekreuzt werden müssen. Schreiben Sie, wie Sie sich fühlen, was Sie machen usw. Auch wenn Sie auf die Sorgen oder Freuden anderer eingehen, interessieren die Empfängerin oder den Empfänger *Ihre* Meinung, *Ihre* Gefühle. Schreiben Sie deshalb:
   - »*Ich* freue mich, dass Du . . .« – statt: »Gut, dass Du . . .«
   - »*Ich* kann Deine Sorgen über . . . verstehen« – statt: »Deine Sorgen über . . . sind berechtigt.«
2. Die besten Tipps für Bewerbungsschreiben finden Sie kostenlos im Internet – zum Beispiel unter »Infos und Jobs« bei

http://www.otto.de oder bei http://www.kienbaum.de unter »recruiting tips«.

3. Ich zitiere aus Briefen, die Teilnehmerinnen und Teilnehmer meiner Seminare geschrieben oder erhalten haben.

1. Von anbei bis zwecks: Briefbausteine

Die *Evangelische Behinderten- und Altenhilfe gGmbH – Altenheimat ABC* schreibt:

> Sehr geehrte Familie,
>
> wunschgemäß übersenden wir Ihnen anliegend unser Hausprospekt »Leben mit Perspektive«, in dem wir uns und unsere Einrichtung vorstellen möchten.
> Ferner fügen wir eine Anmeldung zur Heimaufnahme bei.
> Falls Sie den Wunsch haben, sich unser Haus einmal persönlich anzusehen oder wenn Sie Fragen an uns haben, stehen wir Ihnen gern – nach kurzer telefonischer Terminabsprache – zur Verfügung.
>
> Mit freundlichen Grüßen
>
> Gertrud Benz-Seelheim
> Pflegedienstleitung
>
> Anlagen

Ein steifer, bürokratischer Brief:

- senden genügt nicht – es muss schon *über*senden sein;
- übersenden ist auch noch nicht genug – die Absenderin muss *anliegend* übersenden;
- doppelt hält besser: der Titel des *Hausprospekts* – ein scheußliches Wort – muss genannt werden;
- im Hausprospekt wird die Einrichtung nicht vorgestellt, vielmehr *möchte* die »Behinderten- und Altenhilfe« die Einrichtung vorstellen;

- der zweite Satz weist wie der erste auf das hin, was die *geehrte* Familie ohnehin feststellt, wenn Sie den Briefumschlag öffnet;
- wie schaut man sich ein Haus *unpersönlich* an? Geht es wirklich um eine *Haus-Besichtigung* oder darum, sich einen Eindruck, vom Komfort und Service des Altenheims zu verschaffen?
- Wer macht schon gerne *lange* telefonische Terminabsprachen?
- Schließlich: *zur Verfügung stehen* ist antiquiert und nicht freundlich.

Es geht auch anders. Zum Beispiel so:
1. Über Ihr Interesse an unserem Pflegeheim haben wir uns gefreut.
2. Mit diesem Brief sende ich Ihnen Informationen über die Betreuung und Pflege, die unser Heim Ihrem Vater bieten kann.
3. Gerne zeigen wir Ihnen . . . und beantworten . . .
4. Bitte vereinbaren Sie einen Termin, damit wir uns Zeit für Sie nehmen können.

Zu 1: Beginnen Sie Briefe nicht mit
- *wunschgemäß senden wir . . .,*
- *wir bestätigen Ihre Anmeldung (Bestellung) vom . . .*

Kommen Sie sofort *freundlich* zur Sache:
- Gerne senden wir Ihnen Informationen über . . .; vielen Dank für Ihr Interesse an . . .; über Ihr Interesse an . . . haben wir uns gefreut.
- Vielen Dank für Ihre Anmeldung (Bestellung).

Allgemeiner: Langweilen Sie nicht mit Nacherzählungen, wenn Sie auf eine Frage, Bestellung oder Anmeldung antworten. In Korrespondenz steckt *respondere*: antworten. Antworten heißt nicht: wiederholen. Schreiben Sie deshalb nicht:
- Bezugnehmend auf Ihr Schreiben vom 7. 10. 2000, in dem sie fragen, ob wir 600 Tischkalender bis zum 23. 11. 2000 liefern können, möchten wir . . .

Kommen Sie freundlich direkt zur Sache:

- Wir freuen uns, Ihnen bereits am 16. November 600 Tischkalender liefern zu können.

Zu 2: Der erste Satz *wunschgemäß übersenden wir Ihnen anliegend unser Hausprospekt »Leben mit Perspektive«, in dem wir uns und unsere Einrichtung vorstellen möchten* ist langweilig. Wenn Sie in einem Brief auf Anlagen eingehen, sollten sie den Nutzen dieser Anlagen hervorheben:

- Mit diesem Brief sende ich Ihnen Informationen über die Betreuung und Pflege, die unser Heim Ihrem Vater bieten kann.
- Das Anmeldeformular informiert Sie über die notwendigen ...

Zu 3: In der Kürze liegt nicht immer die Würze: Was kann man sich ansehen? Die geräumigen oder komfortablen Zimmer, die schöne Cafeteria, die vielen Freizeiteinrichtungen, den großen Garten, die modernen ...?

Zu 4: Wir sind für Sie da. Wir helfen Ihnen gerne weiter. Wir nehmen uns für Sie Zeit. Wir beantworten gerne weitere Fragen – es gibt viele Alternativen zum antiquierten *stehen wir Ihnen zur Verfügung*.

Bürokratisch und unfreundlich sind die folgenden Briefe:

»Ihre Bewerbung um ...
Hier: Eingangsbestätigung

Sehr geehrte Frau Govil,

die Bewerbungsunterlagen für die o.g. Stelle sind hier am 03.07.2000 eingegangen.
Zu gegebener Zeit erhalten Sie weitere Nachricht.

Mit freundlichen Grüßen

Köhn
Verwaltungsangestellter«

»**Ihre Honorar-Abrechnung**

Sehr geehrter Herr Probst,

ich beziehe mich auf unser am Freitag, den 14. 11. 1999 geführtes Telefonat und teile Ihnen hiermit folgendes mit:
Wie Ihnen ja bekannt ist, muß . . .«

Ohne ein freundliches Wort wird hier verfügt:
- Zu gegebener Zeit erhalten Sie,
- ich teile Ihnen mit.

Und basta! Der Kasernenhof-Ton wird zusamen mit Bürokraten-Deutsch angeschlagen:
- »Ihre Bewerbung um . . .
  Hier: Eingangsbestätigung
- o. g.,
- ich beziehe mich auf unser am Freitag, den 14. 11. 1999 geführtes Telefonat und . . .

Im zweiten Beispiel wird zudem noch ein belehrender Ton gewählt. Den hören alle gerne. Ein Liebesbrief in diesem Stil könnte etwa so ausfallen:

Hierorts, den heutigen

1. Meine Neigung zu Dir ist unverändert.
2. Du steht heute abend, 7 ½ Uhr, am zweiten Ausgang des Zoologischen Gartens, wie gehabt.
3. Anzug: Grünes Kleid, grüner Hut, braune Schuhe. Die Mitnahme eines Regenschirms empfiehlt sich.
4. Abendessen im Gambrinus, 8.10 Uhr
5. Es wird nachher in meiner Wohnung voraussichtlich zu Zärtlichkeiten kommen.

(gez.) Bosch, Oberbuchhalter« (Tucholsky Bd. 7, S. 275)

Wie man in den Wald hineinruft, so schallt es heraus. Die zitierten Briefe lösen kein freundliches Echo aus. Sie machen keinen guten Eindruck, weil sie aus der falschen Perspektive geschrieben sind:

aus der »*Ich-will*-Perspektive«: Ich will, dass Frau Govil *nicht* anruft (sie erhält ja *zu gegebener* Zeit weitere Nachricht).
In der »*Ich-bemühe-mich*-Perspektive« geht es darum, dass Frau Govil einen guten Eindruck von ihrem potenziellen Arbeitgeber gewinnt. Ein fast gelungenes Beispiel:

> »**Ihre Bewerbung vom 26.6.2000**
>
> Sehr geehrte Frau Govil,
>
> wir danken Ihnen für Ihr Interesse an einer Mitarbeit in unserem Unternehmen und bestätigen den Eingang Ihrer Bewerbung.
> Die Resonanz auf unsere Stellenanzeige war ausgesprochen positiv. Da wir die Vielzahl der eingegangenen Bewerbungen auch mit der notwendigen Sorgfalt bearbeiten möchten, bitten wir Sie um ein wenig Geduld.
> Sobald wir eine Vorauswahl getroffen haben, werden wir Sie informieren.
>
> Mit freundlichen Grüßen
>
> Werner Silberlich
> Leiter Personalmanagement
>
> PS: Diesem Schreiben fügen wir eine Produktinformationsbroschüre bei, damit Sie von uns und unserer aktuellen Produktstrategie einen ersten Eindruck erhalten.«

Freundlich schreiben heißt nicht: unterwürfig formulieren. Sie können getrost verzichten auf

- »Ich *hoffe*, Ihnen *gedient zu haben*« – freuen Sie sich lieber, wenn Sie helfen konnten;
- »*Darf* ich mich für ... bedanken« – schreiben Sie schlicht: Vielen Dank für ...;
- »Wir *gestatten* uns den Hinweis, dass ...« – schwulstfrei ist: Beachten Sie bitte, dass ...
- »*Möchten* wir Sie *höflichst bitten*, ...« – tun Sie es, und verzichten Sie auf »höflichst«, denn *bitten* ist *höflich*.

Schreiben Sie freundlich und vermeiden Sie steifes Bürokratendeutsch – von *Anlage* bis *zwecks*. Das ist nicht schwer. Ich übersetze die bürokratischen Formulierungen, die ich am häufigsten lesen muss, in lebendiges Deutsch:

Anlage, anbei

- In der Anlage senden wir Ihnen das gewünschte Angebot.
- Anbei übersenden wir Ihnen ausführliche Informationen über unser Werbemittelsortiment.

Übersetzung:
Mit diesem Brief schicke ich Ihnen das gewünschte Angebot.
Hier kommen ausführliche Informationen über unsere Werbemittel.

Bezug, sich beziehen

- Bezug nehmend auf Ihr Scheiben vom ...
- Wir beziehen uns auf Ihre Reklamation mit Datum vom ...

Vielen Dank für Ihren Brief.
Sie haben Recht. Unsere Lieferung enthielt Farbfehler.

dienen, dienlich sein

- Ich hoffe, Ihnen mit diesen Informationen gedient zu haben.
- Wir hoffen, Ihnen mit diesen Informationen dienlich gewesen zu sein.

Ich hoffe, dass Ihnen diese Informationen weiterhelfen.

dürfen

- ... darf ich mich für Ihre wertvolle Anregung bedanken.

Vielen Dank: Ihr Hinweis hat uns sehr geholfen.

erhalten 1

- Anbei erhalten Sie ...

Mit diesem Brief schicke ich Ihnen ...

erhalten 2

- Wir haben Ihr Schreiben (dankend) erhalten

Vielen Dank für ...

falls

- Falls Sie weitere Fragen haben, rufen Sie uns an.

Melden Sie sich bitte, wenn Sie noch Fragen haben.

sich gestatten

- Wir gestatten uns, darauf hinzuweisen, dass alle Preise zzgl. MwSt. zu verstehen sind.

Beachten Sie bitte, dass die Mehrwertsteuer . . .

höflichst

- Wir bestätigen Ihre Bestellung vom 24.11.2000 und bitten Sie höflichst, . . .

Vielen Dank für Ihre Bestellung vom 24. 11. 2000. Bitte . . .

in Abzug bringen

- Bei Bestellungen mit einem Netto-Warenwert in Höhe von DM 2500,– können Sie 2% Rabatt in Abzug bringen.

Bei Bestellungen mit einem Netto-Wert von 2500 DM können Sie 2% Rabatt abziehen. (Oder: Bei Bestellungen mit einem Netto-Wert von 2500 DM *gewähren* wir 2% Rabatt.)

in Kenntnis setzen

- Wir möchten Sie darüber in Kenntnis setzen, dass bei unseren Lampen eine Werbeanbringung nur mittels Etiketten möglich ist.

Bitte beachten Sie, dass an unseren Lampen Werbung nur mit Etiketten angebracht werden kann.

mit Datum

- Eine erste Mahnung ging Ihnen mit Datum vom 02.10.2000 zu.

Wir haben Ihnen am 2.10.2000 eine erste Mahnung geschickt.

mitteilen

- Ich beziehe mich auf unser am 14.1.2000 geführtes Telefonat und teile Ihnen hiermit Folgendes mit: . . .

Ich möchte Sie darüber informieren, dass . . .

o.g., obig

- Wir bestätigen Ihre Anmeldung zur o.g. Fortbildungsmaßnahme und…
- . . . erhalten Sie in obiger Angelegenheit eine Informationsbroschüre…

Wir freuen uns, dass Sie an der Fortbildung über [Thema] teilnehmen wollen. Wir bestätigen Ihre Anmeldung und . . .
. . . sende ich Ihnen unsere Broschüre über [Inhalt der Broschüre]

umseitig

- Umseitig übersenden wir Ihnen Informationen über . . .

Auf der Rückseite dieses Schreibens informieren wir Sie über . . .

unsererseits

- Unsererseits steht dem Projekt nichts entgegen.

Wir sind mit dem Projekt einverstanden.

verbleiben

- Mit der Bitte um Verständnis verbleiben wir . . .

Verbleiben Sie nie!

weiterhin

- Auf weiterhin gute Zusammenarbeit verbleibe ich . . .

Ich hoffe, dass wir weiter so gut zusammenarbeiten.

zwecks

- zwecks Information

zur Information

Übung 1

Am Ende eines Dramas steht der Höhepunkt und bei einem Krimi die Auflösung. Bei Briefen sollten die ersten Sätze Aufmerksamkeit wecken. Der Anfang muss stimmen. Langweilen Sie deshalb nicht mit Nacherzählungen, sondern kommen Sie sofort zur Sache. Überarbeiten Sie den folgenden Brief unter diesem Gesichtspunkt:

»Fort- und Weiterbildung des Hochschulpersonals

Sehr geehrte Frau Engels,

Sie haben sich im Rahmen des Weiterbildungsangebots für das Personal der Universität für den Kurs

Moderne Korrespondenz
am 06. März 2000
von 9.30 Uhr – 15.30 Uhr

angemeldet.
Der Kurs wird wie angekündigt durchgeführt. Bitte finden Sie sich um 9.30 Uhr im Kursraum

Fachbereich Jura/WiWi, Heger-Tor-Wall 14, Raum 22/102

ein.
Sollten Sie aus einem wichtigen Grund an dem Kurs nicht teilnehmen können, bitte ich um einen kurzen schriftlichen oder telefonischen Hinweis.

Mit freundlichen Grüßen
i. A. Gisela Horn«

Meinen Vorschlag finden Sie am Ende des Kapitels.

2. Anrede, Betreff & Co: Leben in Briefe lassen

Wer im Beruf erfolgreich sein will, nutzt neue Entwicklungen. Niemand sitzt mehr freiwillig an einem 386er-PC, weil die Vorteile eines Pentium Prozessors bekannt sind. Briefe schreiben hingegen betrachten viele als eine Tätigkeit, die von den Veränderungen des Alltags unberührt bleibt. Während regelmäßig ein Update des Textverarbeitungsprogramms auf die Festplatte gespielt wird, halten sich in Briefen hartnäckig steife Anreden, bombastische Betreffs und bürokratische »Grußformeln«. Doch Briefe sind nicht das ganz Andere. Sie werden von Menschen gelesen, die im Leben stehen und viele Medien nutzen. Moderne Korrespondenz lässt deshalb das Leben in Briefe – in der Anrede, im Gruß, Betreff und PS.

- **Anrede**

Sie sagen »guten Tag«, wenn Sie jemanden treffen oder anrufen. Das ist freundlich. Ich empfehle Ihnen diese Alltagsnähe auch für Briefe. »Guten Tag« ist ein gewinnender Beginn: *Guten Tag, Herr Müller*, oder: *Guten Tag, lieber Herr Schmidt.*

Diese Anrede hat zudem zwei Vorteile: Sie können sich
1. das im Alltag unübliche »sehr geehrte(r)« sparen und
2. das steife »sehr geehrte Damen und Herren«, wenn Sie weder Namen noch Geschlecht der Empfängerin bzw. des Empfängers kennen.

- **Gruß**

Wie beenden Sie (Telefon-)Gespräche? Mit »ein schönes Wochenende« oder mit *»hochachtungsvoll«*? Mit »viele Grüße an Ihre Frau« oder mit *»vorzügliche Hochachtung«*? Sagen Sie: »Ich rufe in der nächsten Woche noch einmal an« oder: *»Ich verbleibe mit . . .«*? Bevorzugen Sie: »Melde Dich doch bald mal wieder« oder: »In *Erwartung Deiner . . . verbleibe ich . . .«*?
Auch für den Gruß empfehle ich die Nähe zum Alltag. In vielen Büchern über Korrespondenz heißt der Gruß »Gruß*formel«*. *Formel* bedeutet: Ich muss nicht nachdenken, sondern mir nur etwas aus dem Formel-Angebot (*Hochachtungsvoll, mit freundlichen Grüßen* usw.) aussuchen. So entstehen 08/15-Briefe. Dabei macht es keine große Mühe, persönlich zu grüßen. Geht ein Brief nach Wien: *Viele Grüße nach Wien* oder *Viele Grüße an die Donau.* Zu wissen, dass Wien an der Donau liegt, gehört zur Allgemeinbildung. An welchem Flüsschen Osnabrück liegt, wissen wenige. Es macht deshalb etwas her, mit *Viele Grüße an die Hase* zu schließen.
Bei schönem Wetter können Sie »sonnige Grüße« schicken: *Sonnige Grüße in den Norden* oder *Sonnige Grüße aus dem Münsterland.* Wenn Sie sicher sind, dass Ihr Brief an einem Montag oder Freitag gelesen wird, wünschen Sie *Einen guten Start in die*

neue Woche oder *Ein schönes Wochenende*. Kurz: Vermeiden Sie Gruß*formeln*. Individualisieren Sie Ihren Gruß. Briefe sind viel zu wichtig, um dem Stil von Amtsleitern zu folgen.

- **Betreff**

Für den Betreff mache ich Anleihen beim Fernsehen. Die *Tagesthemen* oder *Monitor* beginnen mit einer kleinen Vorschau. Etwa so: »Umweltminister Trittin muss mit der Verballhornung seines Namens leben. Immer mal wieder *tritt ihn* der Kanzler vors Schienbein.« Erst dann folgt das »Guten Abend, meine Damen und Herren«.
Mit einer solchen Vorschau statt einem steifen »Betrifft: Fort- und Weiterbildung des Hochschulpersonals« können Sie Briefe anschaulich machen.
Der Betreff soll den Inhalt eines Briefs zusammenfassen. Diese Funktion lässt Freiheiten. Machen Sie aus dem Betreff keinen bürokratischen Akt, sondern eine Vorschau oder eine Überschrift. Wenn Sie zum Beispiel einem Kunden mitteilen, dass Sie den gewünschten Liefertermin einhalten oder sogar früher liefern können, beschränken Sie den Betreff nicht auf »Liefertermin«. Stellen Sie die »good news« heraus:

- Wir liefern pünktlich.
- Wir können schon am . . . liefern.
- Wir können 8 Tage früher liefern.

Formulieren Sie, wenn es möglich ist, eine gute Nachricht, einen freundlichen Einstieg. In kurzen Begleitschreiben können Sie sich beim Betreff auf die freundliche Einstimmung des Lesers oder der Leserin konzentrieren.

- **PS**

Früher schrieb man unter den Gruß das, was man vergessen hatte. Wer einen PC besitzt, kann Informationen problemlos nachträglich einfügen. Ein Postskriptum ist also nicht mehr notwendig. Verzichten Sie trotzdem nicht auf einen Nachsatz. Heben

Sie eine wichtige bzw. erfreuliche Mitteilung durch einen Nachsatz hervor. Viele Menschen lesen zuerst das PS. Nutzen Sie deshalb den »Columbo-Effekt« (diesen Begriff übernehme ich von Gerhard Bungert): Peter Falk dreht sich in der Krimiserie *Columbo* nach einem Gespräch an der Tür noch einmal um: »Ach, fast hätte ich vergessen . . .« – und dann kommt, ganz zum Schluss, die entscheidende Frage. Nutzen Sie, wenn immer es sinnvoll möglich ist, dieses dramaturgische Element. Dieser Aufmerksamkeitswecker erzeugt vor allem dann Wirkung, wenn am Schluss eine gute Nachricht steht.

Der Nachsatz kann auch eine Wiederholung sein: *Nicht vergessen: Wer früh bucht, zahlt weniger.* Oder eine wichtige Zusatzinformation: *Wir verwenden nur Pfandflaschen. Das schont unsere Umwelt.* Sie können sich auch bedanken:

- *Das ist übrigens Ihre zehnte Bestellung. Wir danken Ihnen für Ihr Vertrauen.*
- *Das ist Ihre zwölfte Bestellung. Ein Dutzend Gründe für ein herzliches Danke.*

Ihrer PS-Kreativität sind keine Grenzen gesetzt.

Übung 2

Lesen Sie noch einmal den freundlichen Zwischenbescheid auf der Seite 153 kritisch durch und verbessern Sie den Betreff, den ersten Satz und die Formulierungen im PS.

Meinen Vorschlag finden Sie am Ende des Kapitels.

Übung 3

Überarbeiten Sie Ihre Verbesserung der Bestätigung, dass der Kurs *Moderne Korrespondenz* stattfindet (Übung 1).

Mein Vorschlag steht am Ende des Kapitels.

3. Dem Inhalt eine Form geben: Briefgestaltung

Die Form eines Briefes ist das Erste, was wir wahrnehmen. Die Form erfüllt vor allem die Funktion, zum Lesen zu animieren. Ein langer Brief ohne Absatz und sehr kleinem Rand erreicht das Gegenteil. Auch ein Betreff von vier und mehr Zeilen oder ein Durcheinander von Fett- und Kursivdruck, Sperrungen und Unterstreichungen lädt nicht zum Lesen ein. Deshalb ist es nützlich, eine Reihe von Konventionen der Briefgestaltung zu beachten.

- **Anschrift**

Herr oder *Frau* ist nur dann erforderlich, wenn Sie den Vornamen der Empfängerin oder des Empfängers nicht kennen. Abkürzungen wie *c/o*, *z. Hd.* sind überflüssig. *Straße* kann (in Deutschland) *Str.* abgekürzt werden:
Huch GmbH
Petra Blum
Bahnhofstraße 57
12345 Ort

- **Datum**

Das Datum steht rechtsbündig eine Zeile nach der Anschrift. In Amtsstuben wird das Datum meist so geschrieben: 07.09.2000. Für diese Nullen gibt es keinen plausiblen Grund. Schreiben Sie das Datum deshalb so: 7. September 2000.

- **Betreff**

Lassen Sie das Wort *Betreff* weg, und heben Sie den Betreff durch Fettdruck hervor. Nach dem Betreff kommt kein Punkt. Der Text sollte auf zwei Zeilen passen. Das ist zu viel:

Seminar-Nr.:	140/99
Thema:	Einmal tief durchatmen . . .
	Ruhe und Entspannung am Arbeitsplatz
Termin:	06.11. – 06.11.99

Der Betreff steht sechs Zeilen nach der Anschrift.

- **Anrede**

Die Anrede steht zwei Zeilen nach dem Betreff. Akademische Titel sind Bestandteil des Namens. Sie werden abgekürzt dem Namen vorangestellt: Dr. Brita Rang. Amts- bzw. Berufsbezeichnungen wie *Oberstadtdirektor* werden in der Anschrift verwandt, jedoch nicht in der Anrede.

- **Gruß und Unterschrift**

Zwischen Text und Gruß ist eine Leerzeile. Es folgt die Unterschrift, darunter ohne Klammern der Vor- und Zuname, die Abteilung (oder Funktionsbezeichnung), das Unternehmen:
Petra Blum
Pressestelle (oder: Pressesprecherin)
Huch GmbH
In kleinen Firmen oder Verbänden kommt man mit einer Zeile weniger aus:
Peter Blume
für ABC-Reisen

- **Anlage**

Auf Anlagen wird zwei Zeilen nach dem (Firmen-) Namen hingewiesen. Das Wort *Anlage* wird nicht geschrieben.

- **Postskriptum**

Einem Nachsatz wird nicht *PS* vorangestellt.

- **Gestaltung**

Schreiben Sie im Flattersatz, möglichst ohne Trennungen. Bei längeren Briefen können Sie bis zu 80 Zeichen bzw. Anschläge pro Zeile schreiben, bei kürzeren weniger. Absätze werden durch eine Leerzeile getrennt. Wörter oder Sätze werden weder unterstrichen noch gesperrt. Soll ein Wort hervorgehoben werden, wird es *kursiv* geschrieben.

(Absender)

Knauf AG
Peter Blume
Bahnstraße 7

50672 Köln

9. Oktober 2000

Frauen sind keine Männer

Guten Tag, Herr Blume,

über Ihr Interesse an einer Sprache, die Frauen nicht diskriminiert, habe ich mich gefreut. Hier sind ein paar Anregungen, was das für moderne Korrespondenz bedeutet:

Ist der *liebe Kunde* eine Kundin, sind unter den *sehr geehrten Herren* auch Damen, dann ist ein Brief ebenso misslungen wie eine Mitteilung an alle *Mitarbeiter,* in der die Mitarbeiterinnen nicht vorkommen. Frauen wollen nicht *mit*gemeint sein, sondern angesprochen werden – aber nicht als Kunde, sondern als Kundin.

Frauen lassen sich auch nicht mehr damit abspeisen, lediglich in der Anrede als Kundin angesprochen zu werden. Sie wollen auch im Text als *Expertin, Managerin* usw. vorkommen. Deshalb sollte von Managerinnen und Managern oder von Ärztinnen und Ärzten die Rede sein und der Fach*mann* durch die Fach*kraft* oder Fach*leute* ersetzt werden. Nicht nur der Vielfahrer, der Mitreisende oder der Fahrgast will es bequem haben, sondern auch die Frauen, die viel fahren. Deshalb sollten sie auch genannt werden. Oft hilft der Plural: Fahrgäste, Mitreisende.

Mehr Informationen zum Thema Frauensprache – Männersprache finden Sie in dem Buch von Luise F. Pusch: *Die Frau ist nicht der Rede wert.*

Viele Grüße nach Köln

4. Keine Faxen machen und E-Mailitis vermeiden

Ein Fax ist fix verschickt. Das ist ein Plus. Viele machen Faxen mit dem Fax. Das ist ein Nachteil. Mit Electronic Mail lässt sich Zeit und Geld sparen – und schnell ein schlechter Eindruck machen. Faxe und Electronic Mails sind, wie konventionell verschickte Geschäftsbriefe, Visitenkarten, die einen guten oder einen schlechten Eindruck machen. Deshalb gebe ich sieben Hinweise zur Imagepflege.

1. Das schönste Design des Briefpapiers und der beste Laserdrucker nützen wenig, wenn die Qualität des Empfangsgerätes schlecht ist, der Adressat eines Schreibens ein schlecht zu lesendes, verknittertes Blatt Thermopapier in der Hand hält. Schicken Sie deshalb, wenn es die Zeit erlaubt, einen Brief und kein Fax.
2. Ein Fax kostet den Empfänger oder die Empfängerin Geld: sein Papier, ihr Toner wird verbraucht. Abbildungen, schwarze Balken und Ähnliches strapazieren den Toner besonders stark und blockieren das Faxgerät relativ lange.
3. An die Anonymität von Behörden haben wir uns gewöhnt. Deshalb irritiert uns auch der Hinweis »Computerausdruck auch ohne Unterschrift gültig« auf einem Steuer- oder anderen Bescheid nicht mehr. Nachahmenswert ist diese unpersönliche Form der Kommunikation nicht. Deshalb sollte zweimal überlegt werden, ob ein Fax direkt vom PC ohne Unterschrift verschickt wird.
4. Electronic Mail soll Zeit sparen und die Arbeit erleichtern. Häufig ist das Gegenteil der Fall: Es wird zum Beispiel um Informationen gebeten, aber keine Postanschrift angegeben. Liegen die gewünschten Informationen nur in gedruckter Form vor, muss zunächst nach der Postanschrift gefragt werden. Das ist lästig.
5. Enthält eine E-Mail Informationen, die ich zu einem späteren Zeitpunkt noch einmal brauche, ärgert es mich, dass *ich* sie

ausdrucken muss, um sie ablegen zu können. Das kostet meine Zeit, mein Papier und verbraucht meinen Toner. Deshalb haben bei mir alle Firmen schlechte Karten, die mir, zum Beispiel, ein Angebot mailen.

6. *E-Mailits* ist die Angewohnheit, in E-Mails mit der Sprache schludrig umzugehen. Nur weil ein elektronisch verschickter Brief schneller ankommt, muss er nicht schnell und nachlässig geschrieben werden. Aber nicht wenige meinen, ein laxes *Hallo* oder *Ciao* genügen bei einer E-Mail als Anrede oder Gruß.

   E-Mailits im fortgeschrittenen Stadium erkennen Sie an folgendem Symptom:

   »Dr. Norbert Franck wrote:
   (Es folgt der Text meiner E-Mail)

   Sehr geehrter Herr Dr. Franck,

   vielen Dank fuer Ihre Antwort . . .«

   Niemand würde in einer Antwort, die mit der »Schneckenpost« verschickt wird, zunächst das Schreiben zitieren, auf das geantwortet wird. Es gibt keinen vernünftigen Grund, dies bei E-Mails anders zu machen. Warum soll die Empfängerin oder der Empfänger erst den eigenen Brief lesen oder suchen müssen, wo die Antwort steht.

7. Schließlich: Bei einem modernen Medium fällt es besonders auf, wenn antiquiert formuliert wird.

Kurz: Die *Versandart* Fax oder E-Mail ist kein Freibrief für Nachlässigkeit oder Spielereien. Sind Fax oder E-Mail Geschäftsbrief, gelten die gleichen Anforderungen wie für Geschäftsbriefe, die auf herkömmliche Weise verschickt werden.

Zusammenfassung:
Ein guter Brief kommt freundlich direkt zur Sache. Er enthält keine vorgestanzten Formulierungen oder Belehrungen. Moderne Korrespondenz heißt:

- in der Anrede und im Gruß, im Betreff und PS ist Leben;

- Frauen werden nicht »mitgemeint«, sondern angesprochen;
- die Form stimmt.

Faxe und E-Mails müssen die gleichen Anforderungen erfüllen.

Buch-Tipp:

Norbert Franck: Erfolgreich schreiben. Von Angebot bis Zwischenbescheid: Mit guten Texten Eindruck machen. Reinbek: Rowohlt Taschenbuch Verlag 2000 (= rororo 60868).

Übungs-Tipp:

Überarbeiten Sie zwei Briefe, die Sie in letzter Zeit geschrieben oder erhalten haben.

5. Musterlösungen

Übung 1

»Fort- und Weiterbildung des Hochschulpersonals

Sehr geehrte Frau Engels,
Sie haben sich im Rahmen des Weiterbildungsangebots für das Personal der Universität für den Kurs

Moderne Korrespondenz
am 06. März 2000
von 9.30 Uhr – 15.30 Uhr

angemeldet.
Der Kurs wird wie angekündigt durchgeführt. Bitte finden Sie sich um 9.30 Uhr im Kursraum

Fachbereich Jura/WiWi, Heger-Tor-Wall 14, Raum 22/102

ein.
Sollten Sie aus einem wichtigen Grund an dem Kurs nicht teilnehmen können, bitte ich um einen kurzen schriftlichen oder telefonischen Hinweis.
Mit freundlichen Grüßen«

Mein Vorschlag:

Moderne Korrespondenz

Sehr geehrte Frau Engels,
ich habe eine gute Nachricht für Sie: Der Kurs *Moderne Korrespondenz* findet statt.

- Am 6. März
- Von 9 Uhr 30 bis 15 Uhr 30
- Im Raum 22/102 des Fachbereichs Jura/Wirtschaftswissenschaften, Heger-Tor-Wall 14.

Bitte informieren Sie mich, wenn Sie an dem Kurs nicht teilnehmen können.

Mit freundlichen Grüßen

Ich habe

1. Überflüssiges gestrichen:
   - *Fort- und Weiterbildung des Hochschulpersonals*,
   - dass Frau Engels sich für den Kurs angemeldet hat, muss ihr nicht noch einmal mitgeteilt werden,
   - dass sich Frau Engels *im Rahmen des Weiterbildungsangebots für das Personal der Universität* angemeldet hat, ist uninteressant.
2. Einen positiven Einstieg gewählt: Dass der Kurs stattfindet, ist erfreulich, eine gute Nachricht für Frau Engels.
3. Den völlig missglückten Satz *Bitte finden Sie sich um 9.30 Uhr . . . ein* überarbeitet: *Einfinden* muss man sich vielleicht zum Haftantritt, zur Einschulung oder wenn man den Wehrdienst bei der Bundeswehr beginnt – aber nicht Frau Engels, die freiwillig an einem Kurs teilnimmt.

Auf der Seite 169 mache ich einen Vorschlag für eine weitergehende Überarbeitung dieses Briefs.

Übung 2

»Ihre Bewerbung vom 26.6.2000

Sehr geehrte Frau Govil,
wir danken Ihnen für Ihr Interesse an einer Mitarbeit in unserem Unternehmen und bestätigen den Eingang ihrer Bewerbung.
Die Resonanz auf unsere Stellenanzeige war ausgesprochen positiv. Da wir die Vielzahl der eingegangenen Bewerbungen auch mit der

notwendigen Sorgfalt bearbeiten möchten, bitten wir Sie um ein wenig Geduld.
Sobald wir eine Vorauswahl getroffen haben, werden wir Sie informieren.

Mit freundlichen Grüßen
Werner Silberlich
Leiter Personalmanagement

PS: Diesem Schreiben fügen wir eine Produktinformationsbroschüre bei, damit Sie von uns und unserer aktuellen Produktstrategie einen ersten Eindruck erhalten.

Mein Vorschlag:

1. Mit zwei positiven Sätzen beginnen:
   - Bereits im Betreff danken und
   - im ersten Satz Freude über die Bewerbung zum Ausdruck bringen. Gestrichen werden kann *und bestätigen den Eingang ihrer Bewerbung:* Der Brief würde nicht geschrieben, wenn keine Bewerbung eingegangen wäre.
2. Im PS kann abgespeckt werden – und *PS* wird nicht geschrieben.

Ich habe zudem »Die Resonanz auf unsere Stellenanzeige war *ausgesprochen positiv*« schlichter formuliert und *eingegangen* vor *Bewerbung* gestrichen: Nur eingegangene Bewerbungen können bearbeitet werden.

Vielen Dank für Ihr Bewerbung

Guten Tag, Frau Govil,

über Ihr Interesse an einer Mitarbeit in unserem Unternehmen haben wir uns gefreut.
Die Resonanz auf unsere Stellenanzeige war groß. Da wir die Vielzahl der Bewerbungen mit der notwendigen Sorgfalt bearbeiten möchten, bitten wir Sie um ein wenig Geduld.
Sobald wir eine Vorauswahl getroffen haben, werden wir Sie informieren.

Mit freundlichen Grüßen
Werner Silberlich
Leiter Personalmanagement

Über unsere aktuellen Produkte informiert Sie die Broschüre, die wir Ihnen mitschicken.

Übung 3

Mein Vorschlag:

- Die gute Nachricht kommt in den Betreff,
- das steife *sehr geehrte* wird durch *Guten Tag* ersetzt,
- vor dem Gruß steht ein freundlicher Schlusssatz,
- der Gruß wird individualisiert.

Eine gute Nachricht

Guten Tag, Frau Engels,

der Kurs *Moderne Korrespondenz* findet statt.

- Am 6. März
- Von 9 Uhr 30 bis 15 Uhr 30
- Im Raum 22/102 des Fachbereichs Jura/Wirtschaftswissenschaften, Heger-Tor-Wall 14.

Bitte informieren Sie mich, wenn Sie an dem Kurs nicht teilnehmen können.
Ich wünsche Ihnen anregende Stunden.

Viele Grüße aus dem Hauptgebäude
i.A. Gisela Horn

VII. Fundiert und verständlich: Hausarbeit und Thesenpapier

Marcel Bénabou bietet in *Warum ich keines meines Bücher geschrieben habe* fünf anspruchsvolle Begründungen an, nicht zu schreiben.

> 1. »Man kann das Lob der mündlichen Tradition (gegenüber der Schriftkultur) singen;
> 2. man kann die Sprache schmähen, über die Worte herziehen, das Lamento des jegliche-wahrhafte-Kommunikation-ist-unmöglich anstimmen;
> 3. man kann sich in der Unsagbarkeit einrichten und das Schweigen als höchstes Gut preisen;
> 4. man kann das Leben feiern und das Ringen mit der Realität als dem Schreiben überlegen ausgeben;
> 5. man kann einmal mehr die Topoi des Lieber-Verzicht-als-Engagement oder der Sinnlosigkeit-des-Handelns-in-einer-Welt-mit-der-essowieso-zuende-geht aufwärmen.« (1990, S. 11)

Viele haben trivialere Gründe, das Schreiben einer Hausarbeit oder eines Thesenpapiers aufzuschieben: Die lange nicht mehr geputzte Wohnung muss unbedingt sauber gemacht oder die sträflich vernachlässigten Eltern müssen endlich einmal besucht werden.

Was ist der Grund für diese Vermeidungsstrategien? Unsicherheiten und viele Fragen – zum Beispiel: Wie wird ein Text sinnvoll gegliedert? Darf in Texten »ich« vorkommen? Oder ist in Hausarbeiten die erste Person verpönt? Was gehört in eine Einleitung und was in den Schluss einer Hausarbeit?

Um Antworten auf diese Fragen geht es auf den folgenden Seiten. Zwei Textformen stehen im Mittelpunkt: die »Hausarbeit«[1] und

1 Der Terminus »Hausarbeit« dient mir als Sammelbegriff für Seminar-, Fach- oder andere schriftliche Arbeiten, für deren Bearbeitung einige Wochen zur Verfügung

das Thesenpapier. Ich konzentriere mich auf die Strukturen dieser Textformen: die Einleitung, den Hauptteil, den Schluss, das Literaturverzeichnis einer Hausarbeit und den Aufbau eines Thesenpapiers.
In fast allen Einleitungen, mögen sie inhaltlich noch so verschieden sein, können Sie Strukturgemeinsamkeiten entdecken. Wer mit diesen Strukturen umgehen kann, erleichtert sich das Schreiben; denn Schreiben ist auch Handwerk und Routine. Zu den handwerklichen Fähigkeiten beim Schreiben gehört die Verwendung von bewährten Strukturen und Schreibmustern. Das Literaturverzeichnis einer Diplomarbeit ist umfangreicher als das einer Hausarbeit (und eventuell sehr differenziert gegliedert). Doch selbst das umfangreichste und differenzierteste Literaturverzeichnis baut auf einem Grundmuster auf.
Hausarbeiten können für Diskussionen in einem *Thesenpapier* aufbereitet werden. Deshalb gehe ich im nächsten Schritt auf das Thesenpapier ein. Der zweite Grund: Sie stehen während Ihres gesamten Studiums, Ihrer Aus- oder Fortbildung vor der Aufgabe, Thesen zu formulieren – mündlich in Diskussionen und schriftlich im Rahmen von Hausarbeiten. Und schließlich kann Ihr erstes Thesenpapier eine Übung sein für das Thesenpapier, das Sie vielleicht in einigen Jahren auf einer internationalen Konferenz vorlegen. Nichts ist unmöglich.

Zwei Empfehlungen und einen Hinweis gebe ich Ihnen mit auf den Weg durch dieses Kapitel.

Empfehlung 1: Stellen Sie sich keine Schreibhürde in den Weg: Quälen Sie sich nicht mit dem Anspruch, Ihr Text für eine Hausarbeit oder ein Thesenpapier müsse »auf Anhieb« stehen. Schreiben ist kein »Alles-oder-nichts-Unternehmen«, bei dem nur ein

---

stehen. Ich orientiere mich an den Anforderungen, die an Hochschulen in den ersten Semestern gestellt werden. Der eine oder andere Hinweis geht daher über das hinaus, was zum Beispiel in der Oberstufe verlangt wird.

Versuch gestattet ist (Becker 1994, S. 30f.). Wer sich einräumt, dass die erste Textfassung nicht endgültig sein kann, braucht über die Schwächen der ersten Fassung nicht beunruhigt zu sein und ist das »Wie fange ich an«-Problem los.
Schreiben erfordert häufiges Umschreiben, um die angemessene Form und den treffenden Ausdruck zu finden. Auch Schreibprofis gelingt nicht sofort ein druckreifer Text. Da sie das wissen, quälen sie sich nicht mit dem Schreiben, sondern produzieren einen ersten (zweiten, dritten) Entwurf, aus dem ein gelungener Text werden kann. Wenn es Ihnen gelingt, diese Haltung einzunehmen, können Sie sich viel gelassener ans Schreiben machen.
Den Schreibprozess sollten Sie nicht durch Korrekturen bremsen. Der erste Entwurf eines Kapitels oder Abschnitts ist eine Rohfassung. Jede Rohfassung ist unzulänglich. Wenn Sie bereits nach den ersten Sätzen anfangen zu korrigieren, blockieren Sie sich: Sie kommen nicht voran, werden unzufrieden oder beißen sich an der Korrektur der Korrekturen fest. Überarbeiten Sie deshalb einen Entwurf erst dann, wenn er abgeschlossen ist.
Ernest Hemingway soll bestimmte Szenen dreißig bis vierzig Mal umgeschrieben haben, bis sie ihm gefielen. Wenn Sie (noch) nicht nach dem Nobelpreis streben, kommen Sie mit einem Dreischritt aus: Rohfassung – vorläufige Fassung – Endfassung.

Empfehlung 2: Suchen Sie nicht nach einem »anspruchsvollen« Stil. Wenn Sie einen runden Tisch beschreiben wollen, können Sie schreiben: »Der Tisch ist rund.« Sie können – spottet Tucholsky über Fachleute, die Laien imponieren wollen – diesen Sachverhalt auch so formulieren: »Rein möbeltechnisch hat der Tisch . . . eine kreisrunde Gestalt« (Bd. 7, S. 275). Die erste Satz ist präzise. Das ist entscheidend. Und er ist schlicht. Das ist angemessen.
»Alles, was uns imponieren soll, muß Charakter haben«, meinte Goethe (Bd. 22, S. 501). Sie können mit Hausarbeiten imponieren, die *informativ* sind, in denen Sie *originellen* Fragen nachgehen oder auf einen *interessanten* Zusammenhang hinweisen.

Darauf sollten Sie sich konzentrieren. Bemühen Sie sich, klar und prägnant zu formulieren. Sie trainieren damit eine Fähigkeit, die in vielen Berufen von Ihnen verlangt wird.

Der Hinweis: Über die Arbeitsschritte, die zu einer Hausarbeit führen – ein Thema erschließen und eingrenzen, Literatur beschaffen und auswerten, der erste Entwurf und die Endfassung –, informiere ich ausführlich in *Fit fürs Studium* (vgl. den Buch-Tipp S. 193). Auf dieses Buch stützen sich auch die Erläuterungen auf den nächsten Seiten.

1. Die Hausarbeit

Eine Hausarbeit besteht aus folgenden Elementen: Titelblatt, Inhaltsverzeichnis, Einleitung, Hauptteil, Schluss, Literaturverzeichnis und – wenn erforderlich – Anhang.

- **Titelblatt**

Am Anfang einer Hausarbeit steht ein Titelblatt, das bis zu sieben Angaben enthält:

- Name des Verfassers, der Verfasserin (und Semesterzahl),
- Titel der Arbeit,
- Titel der Lehrveranstaltung (und des Dozenten, der Dozentin),
- Datum (und Fachbereich).

Inhaltlich entscheidend ist der Titel der Arbeit: Er darf keine falschen Erwartungen wecken. Vom Titel sollte eindeutig auf den Inhalt geschlossen werden können. Ein Bewertungskriterium ist die Frage, ob die Ausführungen das halten, was der Titel verspricht.

- **Inhaltsverzeichnis – Gliederung**

Das Inhaltsverzeichnis soll die Struktur der Darstellung wiedergeben und damit den Leserinnen und Lesern die Orientierung erleichtern (und das Nachschlagen vereinfachen).

Sie können eine Hausarbeit
- *chronologisch,*
- nach *zentralen Merkmalen* (zum Beispiel: Geschichte, Ziele, Aufbau und Organisation) oder
- nach *Funktionsbereichen* (Einkauf, Produktion, Vertrieb, Werbung)

gliedern. Entscheidend ist: Eine Gliederung muss verständlich und aussagekräftig sein. Voraussetzung dafür ist Schlüssigkeit: Die Gliederungsziffern sollen die Beziehungen, die Über- und Unterordnungen zwischen den einzelnen Themenaspekten angemessen zum Ausdruck bringen. Sind zum Beispiel *Funktionsbereiche* Ihr Gliederungsprinzip, müssen Einkauf, Produktion, Vertrieb und Werbung in der Gliederung auf der gleichen Ebene zu finden sein. Gliedern Sie eine Arbeit über das Bildungssystem nach den Kriterien *Struktur* und *Funktion*, muss jeder Bildungsbereich, der behandelt wird, nach diesen Kriterien gegliedert werden: das Kapitel über die Vorschule ebenso wie das über die Schule und die Hochschule.
Auf den folgenden Seiten finden Sie zwei Varianten für ein Inhaltsverzeichnis einer (fiktiven) Arbeit über die beiden großen »Volksparteien«. Den Beispielen ist zu entnehmen, dass Sie nur Ziffern verwenden oder Ziffern und Buchstaben kombinieren können. Und Sie können römische und arabische Zahlen, große, kleine und griechische Buchstaben einsetzen (oder Paragraphen – wenn dies der Konvention Ihres Faches entspricht). Sie haben freie Wahl und eine Vorgabe: Ein schlüssiges Inhaltsverzeichnis sollte auch übersichtlich sein. Was ist zu beachten?
1. Halten Sie das Gliederungsprinzip, für das Sie sich entschieden haben, konsequent durch.

2. Die Gliederung sollte ausgewogen, das heißt relativ gleichmäßig unterteilt sein.
3. Nur ein Unterpunkt zu einem Kapitel oder Abschnitt macht keinen Sinn. Jeder Gliederungspunkt sollte mindestens zwei Unterpunkte haben. »Wer A sagt, muss auch B sagen«. Für Gliederungen gilt diese Maxime.
4. Versuchen Sie, mit höchstens sechs Unterpunkten pro Gliederungspunkt auszukommen, damit die Gliederung übersichtlich bleibt.

Im Text wird jeder Gliederungspunkt des Inhaltsverzeichnisses wiederholt. Sie können zudem durch Zwischenüberschriften, Absätze, Spiegelstriche usw. optisch gliedern.

1. Einleitung
1.1 Parteien in der Bundesrepublik
1.2 Volksparteien
2. CDU
2.1 Geschichte
2.1.1 Vorläuferinnen der CDU
2.1.2 Gründung der CDU
2.1.3 Entwicklung der CDU
2.2 Ziele
2.2.1 Wirtschaftspolitik
2.2.2 Sozialpolitik
2.2.3 Innenpolitik
2.2.4 Außenpolitik
2.3 Aufbau und Organisation
2.3.1 Aufbau der Partei
2.3.2 Entscheidungsstrukturen
3. SPD
3.1 Geschichte
3.1.1 Vorläuferinnen der SPD
3.1.2 Die SPD vor 1945
3.1.3 Entwicklung der SPD nach 1945

3.2	Ziele
3.2.1	Wirtschaftspolitik
3.2.2	Sozialpolitik
3.2.3	Innenpolitik
3.2.4	Außenpolitik
3.3	Aufbau und Organisation
3.3.1	Aufbau der Partei
3.3.2	Entscheidungsstrukturen
4.	**Probleme und Perspektiven der Volksparteien**
4.1	Parteienverdrossenheit
4.2	Gesellschaftliche Individualisierung und politische Bindungen
Literaturverzeichnis	

A	**Einleitung**
1.	Parteien in der Bundesrepublik
2.	Volksparteien
B	**CDU**
1.	Geschichte
1.1	Vorläuferinnen der CDU
1.2	Gründung der CDU
1.3	Entwicklung der CDU
2.	Ziele
	usw.
C	**SPD**
1.	Geschichte
1.1	Vorläuferinnen der SPD
	usw.
D	**Probleme und Perspektiven der Volksparteien**
1.	Parteienverdrossenheit
	usw.
Literaturverzeichnis	

Enthält eine Arbeit viele Tabellen bzw. Abbildungen oder Abkürzungen, ist ein *Verzeichnis der Tabellen* und/oder *Abbildungen* Kür, ein *Abkürzungsverzeichnis* Pflicht. Solche Verzeichnisse stehen nach dem Inhaltsverzeichnis.

- **Einleitung**

Eine Einleitung soll zum Lesen einladen. Viele Einleitungen schrecken ab. Ein Beispiel:

> »Trotz intensiver Forschungsarbeit zum Thema ›Polentum in Berlin/Preußen unter besonderer Berücksichtigung der Schul- und Bildungssituation‹ erwies sich das vorliegende Material für die einzelnen Fragestellungen unterschiedlich gehaltvoll. Während für den großen polnischen Schulstreik von 1906/07 die Quellenlage als relativ gut bezeichnet werden kann, bereitet die Aufarbeitung der Schulsituation der polnischen Kinder/Jugendlichen in Berlin vom Ende des 19. Jahrhunderts bis einschließlich 1945 zum Teil erhebliche Schwierigkeiten. Dieser Sachverhalt erklärt sich daraus, daß die härtesten und erbittertsten schul- und bildungspolitischen Kämpfe der polnischen Minderheit zweifellos zunächst in den Teilungsgebieten und nach 1918 in den Grenzgebieten ausgefochten wurden; mit Abstand erfolgten sodann die Auseinandersetzungen im Ruhrgebiet. In der Großstadt Berlin traten demgegenüber die Assimilierungstendenzen deutlich schneller ein, mit der Folge, daß die schulpolitischen Konflikte mit sehr viel geringerem Engagement wahrgenommen/ausgefochten wurden. (. . .)
> Für die Beschulung polnischer Kinder/Jugendlicher in allgemeinbildenden Schulen konnte bisher kein beziehungsweise nur sehr andeutungsweise Material ausfindig gemacht werden. Ein partieller Zugang wäre unter Umständen durch ein indirektes Vorgehen denkbar, so etwa über eine Analyse der gültigen Lehrpläne besonders in den Fächern Deutsch, Geschichte, Geographie und Gesangsunterricht. Die Diskriminierung/Ausgrenzung von Schülern polnischer Nationalität könnte hier inhaltlich demonstriert werden.« (Chahoud 1987, S. 143)

Diese Einleitung schreckt aus zwei Gründen ab:
(1.) Sie ist, milde ausgedrückt, schlecht formuliert.

Übung 1

Übersetzen Sie bitte diesen Text in verständliches Deutsch.

Mein Vorschlag steht am Ende des Kapitels.

(2.) Die Leserinnen und Leser können in dieser Einleitung keinen Anhaltspunkt entdecken, was sie erwartet und warum es sich lohnen könnte, den Text zu lesen. Eine Einleitung, die nicht einleitet, erfüllt ihre Funktion nicht. Was soll eine Einleitung leisten?

Eine Einleitung hat die Funktion,
- das Problem darzustellen, das behandelt wird: Worum geht es? Was macht die Sache relevant, interessant, fragwürdig?
- den Gegenstand zu präzisieren, ihn ein- bzw. abzugrenzen: Worum geht es genau? Warum werden gerade diese Gesichtspunkte behandelt? Auf welche Aspekte wird nicht (näher) eingegangen?
- den Ertrag zu skizzieren: Welches Ziel wird mit welchem Ergebnis verfolgt?

- die Voraussetzungen zu erläutern, unter denen das Thema behandelt wird: Welcher methodische Zugang wurde gewählt? Welche Literatur, welche Daten usw. wurden herangezogen?
- den Aufbau der Arbeit zu begründen: In welcher Reihenfolge wird vorgegangen?

Ob alle und wie ausführlich diese Punkte in einer Einleitung angesprochen werden müssen, hängt vom Gegenstand und Umfang der Arbeit ab. Es mag bei einer Abschlussarbeit notwendig sein, Methodenfragen ein eigenes Kapitel zu widmen. In einer Hausarbeit von zehn Seiten ist es in der Regel nicht notwendig, Aufbau und Abfolge der Arbeit zu begründen. Doch zwei oder drei Sätze schaden nicht und sind eine gute Übung.
Eine Einleitung soll zum Hauptteil hinführen, ihn aber nicht vorwegnehmen. Und sie ist kein Vorwort (das vor dem Inhaltsverzeichnis steht). Im *Vorwort* werden Hinweise und Erläuterungen gegeben, die nicht unmittelbar zum eigentlichen Thema gehören: Aussagen über die Bedingungen, unter denen die Arbeit entstand, der Dank an Personen oder Institutionen, die Ihre Arbeit unterstützt haben. Eine Hausarbeit ist nicht der Ort, um den Eltern für den monatlichen Scheck oder einem Freund zu danken, dass er die Arbeit getippt hat. Ein Vorwort wird nur umfangreichen Arbeiten vorangestellt.

- **Hauptteil**

Der Gegenstand, die Fragestellung und das Ziel von Hausarbeiten können sehr unterschiedlich sein. Doch bei aller Vielfalt lassen sich drei wiederkehrende Anforderungen ausmachen, die ich um zwei Empfehlungen ergänze:

1. Begriffe klären
Jede Fachwissenschaft hat ihre Fachbegriffe. In den Naturwissenschaften sind Begriffe und Fachausdrücke (termini technici) in der Regel eindeutig. In den Sozialwissenschaften sind verbind-

liche Definitionen von zentralen Fachbegriffen die Ausnahme. Das mag irritieren. Doch *Freiheit, Sozialisation, Demokratie* oder *Lernen* lassen sich nun einmal nicht nach dem Muster $E = mc^2$ auf eine Formel bringen oder wie ein Quadrat eindeutig definieren. Deshalb müssen die für eine Arbeit zentralen Begriffe geklärt werden. Deshalb können Sie nicht umstandslos über *Freiheit, Sozialisation, Demokratie* oder *Lernen* schreiben.
Sie können Begriffe aus der Literatur übernehmen. Sie können diese Begriffe erweitern oder eingrenzen. Sie können mit Hilfsbegriffen beginnen und Schritt für Schritt einen Begriff neu bestimmen. Sie sollten nicht dem Laster der Begriffshuberei frönen und über Seiten Begriffe definieren. Begriffsklärungen sollten so kurz wie möglich und so ausführlich wie nötig sein. Sie sollten den Leserinnen und Lesern allerdings auch keine Rätsel aufgeben: Was versteht der Verfasser denn unter *Sozialisation*? Was schließt bei der Verfasserin der Begriff *Freiheit* ein?

2. Jedem Kapitel eine Struktur geben
Sie machen sich und den Leserinnen und Lesern eine Freude, wenn Sie den einzelnen Kapiteln des Hauptteils Ihrer Arbeit eine Struktur geben. Es gibt bewährte Strukturen, die *Ihnen* helfen, Ihre Gedanken zu ordnen, Verbindungen und Zusammenhänge deutlich zu machen.
Kapitel-Anfang:

- Was wurde bisher behandelt, gezeigt oder erreicht?
- Worum geht es nun?
- Welchen Bezug zur Fragestellung hat das Kapitel?
- Welche Bedeutung hat das Kapitel für die gesamte Arbeit?
- Welche Methode der Darstellung wird gewählt?
- Wie ist das Kapitel aufgebaut?

Kapitel-Ende:

- Was wurde mit welchem Ergebnis gezeigt? (Zusammenfassung)
- Wie geht es weiter?

Diese Strukturelemente sind kein Zwangskorsett. Wenn Sie am Ende eines Kapitels skizzieren, wie es im nächsten Kapitel weitergeht, brauchen Sie im folgenden nicht mehr den Bezug zum vorhergehenden Kapitel herzustellen. Es ist auch keineswegs zwingend, eine Vorschau über den Aufbau des Kapitels zu geben. Und bei einer Hausarbeit von zwölf Seiten genügt eine Zusammenfassung am Schluss der Arbeit. Auf den Übungseffekt kommt es in erster Linie an und darauf, Klarheit in einen Text zu bringen. Wenn Sie sicher und routiniert im Umgang mit diesen Strukturen sind, sollten Sie freundlich zu Ihren Leserinnen und Lesern sein: Sie haben die Struktur Ihrer Arbeit im Kopf, die Leserinnen und Leser nicht. Sie haben viel Zeit in Ihre Arbeit investiert. Die Leserinnen und Leser wollen sich in entschieden kürzerer Zeit einen Eindruck von Ihrer Arbeit verschaffen. Eine Kapitelvorschau und eine Zusammenfassung helfen den Leserinnen und Lesern bei der Entscheidung, ob sie ein Kapitel lesen sollen, und bei der Gewichtung der aufgenommenen Informationen. In Anlehnung an eine Sparkassenwerbung formuliert: Wenn's um's Kapitel geht – Struktur deutlich machen.

3. Belegen, zitieren – und sich nicht verlieren

> »Viel von dem, was man in einer Ausarbeitung von sich gibt, ist nicht Ergebnis eigenen Nachdenkens. Wer . . . eine Anleihe bei anderen aufnimmt, muß den Leuten, deren Gedanken . . . er sich zu eigen macht, Gerechtigkeit widerfahren lassen. (. . .) Es sind, kurz gesagt, die Quellen offenzulegen. Sich nicht daran halten, heißt mogeln.« (Dichtl 1996 S. 16f.)

Ein Zitat. Weil es länger als drei Zeilen ist, habe ich es optisch abgesetzt. Ist ein Zitat noch länger, sollte es eingeführt werden. Zum Beispiel so: Auslassungen in Zitaten müssen kenntlich gemacht werden. Das ist nur eine von vielen Regeln über korrektes Zitieren. Otto Kruse weist darauf hin, dass es mit Regeln allein nicht getan ist:

»Selbst Studierende, die ihre Diplomarbeit schreiben, haben oft noch elementare Probleme mit dem Zitieren. Das hat seinen Grund nicht nur darin, daß diese Fähigkeit unzureichend gelehrt wird, sondern auch darin, daß es keine ganz eindeutigen Regeln gibt. Die Regeln unterscheiden sich von Fach zu Fach und von Diskurs zu Diskurs. *Es ist deshalb wichtig, den Sinn des Zitierens zu verstehen und nicht einfach Regeln zu lernen.*« (1995, S. 84 – Herv. N.F.)

Hervorhebungen müssen gekennzeichnet werden. Ob Sie – wie ich – Initialen verwenden oder »Hervorh. von mir« bzw. »Hervorh. vom Verfasser« oder »Hervorhbg. die Verfasserin« schreiben, ist unwichtig (allerdings muss die einmal gewählte Form innerhalb einer Arbeit beibehalten werden). Wichtig ist der »Sinn des Zitierens«.

Zitate und Verweise haben vor allem die Funktion, Aussagen und Argumente zu *belegen*: Sie zitieren zu diesem Zweck Forschungsergebnisse bzw. verweisen auf anerkannte Autoritäten des Fachs. *Zitieren* heißt: Diese Ergebnisse wörtlich oder sinngemäß (in eigenen Worten) wiedergeben. *Verweisen* meint: Sie verweisen auf Veröffentlichungen, auf die Sie Ihre Überlegungen stützen. Dieser Weg wird dann gewählt, wenn eine ausführliche Begründung für eine Voraussetzung oder These im Rahmen der Arbeit nicht geleistet werden kann bzw. für das Ziel der Arbeit nicht erforderlich ist.

Wenn Sie das Werk einer Autorin interpretieren oder sich mit einer Theorie auseinandersetzen, dienen Zitate dem Verständnis und der Nachprüfbarkeit Ihrer Argumentation. Mit Zitaten können Sie zudem einen Sachverhalt anschaulich oder pointiert zum Ausdruck bringen.

Zitate und Verweise verfehlen ihren Sinn, wenn sie beweisen sollen, dass der Autor oder die Autorin viel gelesen hat – etwa nach folgendem Muster:

»Zitate müssen«, schreiben Rückriem, Stary Franck, »unmittelbar sein« (S. 171, s. a. Bünting, Bitterlich, Pospiech, S. 93), denn – darauf

> verweist auch Junne (S. 43) – zum einen besteht die Gefahr, Fehler zu übernehmen, die sich in der Sekundärliteratur eingeschlichen haben, zum anderen drängt sich der Verdacht auf, dass die Mühe gescheut wurde, »ad fontes, zu den eigentlichen Quellen, vorzudringen« (Dichtl, S. 18, s. a. Eco, S. 70).

Zwei Zitate und drei Verweise auf wenigen Zeilen für einen keineswegs originellen Gedanken sind nicht sinnvoll, sondern peinlich.

Zitate sind kein Arbeitsersatz. Für eine Hausarbeit muss Literatur verarbeitet werden. Die Auseinandersetzung mit der Literatur ist Mittel zum Zweck: ein Thema behandeln, ein Problem beleuchten, einer Frage nachgehen usw. Eine Reihung von Zitaten ist oft Ausdruck dafür, dass Sie Ihr Thema noch nicht im Griff haben. Kurz: Sie sollen *Ihre* Arbeit schreiben. Stützen Sie sich dabei auf die Literatur und weisen Sie die Gedanken anderer aus; denn »ehrlich währt am längsten«.

Zitate sollten zweckmäßig sein: Bevor Sie zitieren, sollten Sie prüfen, ob die Textpassage das zum Ausdruck bringt, was Sie ausdrücken wollen. Enthält ein Zitat Aspekte, die nicht in Ihren Zusammenhang passen, lenkt es ab und erschwert, Ihrer Argumentation zu folgen.

Zitate sollten nicht peinlich sein.

- »Die Erde ist keine Scheibe.«
- »Das Fernsehen ist ein Massenmedium.«

Das haben nicht Sie herausgefunden. Doch beide Aussagen sind Allgemeingut geworden und werden deshalb nicht mehr belegt. Das gilt auch für die Tatsache, dass fast alles *komplex* und das Leben *kompliziert* ist. Nicht zitiert wird, was Teil der Allgemeinbildung, was in Ihrem Fach selbstverständlich und was trivial ist.

Unseriöse Quellen werden ebenfalls nicht zitiert. Belegen Sie keine Aussagen mit Zitaten aus der Regenbogenpresse, aus Boulevardzeitungen und ähnlichen Medien. Die Ausnahme von der Regel: Sie schreiben über die Regenbogenpresse (zum Beispiel eine Arbeit über »Frauenfeindlichkeit in Frauenmagazinen« oder »Die Personalisierung gesellschaftlicher Verhältnisse in Boulevardzeitungen«). In diesem Fall sind *Gala, Tina* oder die *Bildzeitung* Primärquellen.

Zitate können Sie, sofern es in Ihrem Fach keine verbindlichen Regeln gibt, wie folgt ausweisen:

- wie in diesem Buch durch einen Kurzbeleg im Text,
- mit einem Kurztitel in Fußnoten bzw. in den Anmerkungen.

Kurzbelege im Text unterbrechen den Lesefluss nicht. Das spricht für dieses Verfahren. Der so genannte *Harvard-Beleg* ist zudem vor allem dann sinnvoll, wenn Sie in einer Arbeit auf viele Veröffentlichungen oder häufig auf dasselbe Buch hinweisen. Ein erfundenes Beispiel:

> Dieser Ansatz wurde in den USA erstmals von Cramer (1952) formuliert und sehr bald von Goodwill (1952), Hopeman (1953) und anderen übernommen. In der Bundesrepublik war es vor allem Rössel (1954, 1955), der auf die Bedeutung dieser »Wende in der Sozialpsychologie« (1954, 7) hinwies. Widerspruch kam vor allem von Strobel (1955) und Kiel (1956), die betonten, dass Cramer mit »technokratischen« Begriffen »ohne intentionalen Gehalt« operiere (Strobel 1955, 12).

In dem Beispiel sind stets die Jahreszahlen angegeben. Das ist sinnvoll, wenn – wie hier – auf einen Blick eine zeitliche Abfolge deutlich gemacht werden soll. Die Angabe der Jahreszahl ist notwendig, wenn in einer Arbeit mehrere Veröffentlichungen eines Autors oder einer Autorin zitiert werden. Hat Meyer mehrere Beiträge in einem Jahr veröffentlicht, wird die Jahreszahl um einen Buchstaben ergänzt (Meyer 1995, 1996, 1996a, 1996b, 1997). Ob Sie vor die Seitenzahl ein »S.« schreiben (Meyer 1992, S. 12) oder nicht (Meyer 1992, 12) oder sich für einen Doppelpunkt entscheiden(Meyer 1992: 12), ist Geschmackssache.

Kurztitel haben den Vorzug, dass die Leserinnen und Leser eine erste Vorstellung bekommen, um welche Veröffentlichung es sich handelt. Wenn die Kurztitel allerdings nicht in einer Fußnote auf

derselben Seite angeführt werden, sondern in einem Anmerkungsapparat am Ende der Arbeit, wird den Leserinnen und Lesern ein mühseliges Hin- und Herblättern zugemutet.
Und so macht man aus einem Titel einen Kurztitel:

- Titel: *Norbert Franck: Schlüsselqualifikationen vermitteln. Ein hochschuldidaktischer Leitfaden. Marburg 2000*
- Kurztitel: *Franck: Schlüsselqualifikationen. 2000*

Und wie . . .

. . . kennzeichne ich Fehler in Zitaten? Mit dem lateinischen Wörtchen »sic« (so), das in eckigen Klammern direkt hinter das betrefende [sic] Wort geschrieben wirt [sic!]. Das Ausrufezeichen ist Geschmackssache.

. . . markiere ich ein Zitat im Zitat? Ein Zitat in einem Zitat wird in einfache Anführungszeichen (›. . .‹) gesetzt: »Im Beruf erleben viele Hochschulabsolventen einen Praxisschock, der ihr ›Restbewusstsein von Theorie‹ zerstört.« (Grimm 2000, S. 11) Zitiert wurde Grimm, das Zitat im Zitat wird nicht ausgewiesen.

. . . weise ich Zitate aus zweiter Hand aus? Mit »zit. n.« (zitiert nach).

. . . zitiere ich fremdsprachige Literatur? »Ist ein fremdsprachiger Autor *Gegenstand* der Untersuchung, so wird in der Originalsprache zitiert. Diese Regel ist absolut bindend, wenn es sich um ein literarisches Werk handelt.« (Eco, S. 199 – Herv. N.F.)

. . . weise ich Ergänzungen aus? Erläuterungen werden in Klammern gesetzt und durch den Vermerk »d. Verf.« oder Initialen gekennzeichnet: »So hat er (der Unternehmer Daniel Kirchner – N.F.) viele Menschen . . .« Bei sprachlichen *Anpassungen* wird auf einen solchen Zusatz verzichtet: Umberto Eco meint, »diese Regel (sei) absolut bindend, wenn es sich um ein literarisches Werk handelt.« (S. 199)

. . . kennzeichne ich Auslassungen? Auslassungen *im* Satz durch drei Punkte: »Auslassungen . . . sind zulässig, wenn dadurch der

ursprüngliche Sinn des Zitats nicht verändert wird.« (Rückriem, Stary, Franck, S. 171) Wird ein *Satz* oder werden mehrere Sätze ausgelassen, wird dies durch drei Punkte in Klammern ausgewiesen. Bei Auslassungen am *Satzanfang* oder *Satzende* sind Sie mit drei Punkten auf der sicheren Seite: »Auslassungen (auch Ellipsen genannt) sind zulässig . . .« (Rückriem, Stary, Franck, S. 171).

4. Eine Meinung haben und an der richtigen Stelle bescheiden sein

Wenn Sie eine Hausarbeit schreiben, sollten Sie nicht in die Rolle eines Knechts oder einer Magd schlüpfen und Zitat um Zitat von Herren der Wissenschaft aneinander reihen. Schreiben Sie *Ihre* Arbeit. Sofern nicht ausdrücklich pures Referieren verlangt wird, sollten Sie mit Ihrer Fragestellung und Ihrer Gliederung Akzente setzen, die Ihre Sicht der Dinge zum Ausdruck bringen. Und Sie sollten Ihre Meinung ausdrücklich formulieren. Zum Beispiel

- Ihr Erkenntnisinteresse (in der Einleitung),
- Ihre Schlussfolgerungen (im Schlussteil),
- Ihre Bewertung der Argumente und Schlussfolgerungen eines Autors oder einer Autorin.

Beurteilen und bewerten Sie Aussagen, Ideen, Vorschläge und Konzepte. Weisen Sie darauf hin, wenn ein Autor für seine Thesen keine Belege anführt. Kritisieren Sie, dass eine Autorin die von ihr verwandten Begriffe nicht eindeutig definiert. Und seien Sie an der richtigen Stelle bescheiden: Putzen Sie nicht mit leichter Hand eine Theorie weg, bescheinigen Sie nicht ausgewiesenen Wissenschaftlerinnen und Wissenschaftlern, dass sie »zu Recht feststellt« oder er sich »grundlegend irrt«. Überheblichkeit ist keine Tugend.

5. Wichtiges in den Text, Unwichtiges in den Papierkorb

In einer Hausarbeit sollte zu lesen sein, was für die Erklärung eines Gegenstands wichtig und für das Verständnis eines Sachverhalts notwendig ist. Das reicht. Mehr ist nicht erforderlich und in den meisten Fällen auch nicht sinnvoll. Nebensächlichkeiten gehören nicht in eine Arbeit – auch nicht in Anmerkungen. Gehen Sie sparsam mit diesem Mittel um. Anmerkungen sollten, rät Adolf Harnack, ein »Schatzhaus« sein und keine »Rumpelkammer«. Weiter heißt es in dem fast hundert Jahre alten Text:

- »Schreibe keine Anmerkung, weil du in der Darstellung etwas vergessen hast; schreibe überhaupt die Anmerkungen nicht nachträglich.«
- »Schreibe nichts in die Anmerkung, was den Text in Frage stellt, und auch nichts hinein, was wichtiger ist als der Text.« (Zit. n. Bangen, S. 24 f.)

Anmerkungen können ein »Schatzhaus« sein, wenn sie sinnvoll genutzt werden. Sie sind der richtige Ort für

- den Beleg von Zitaten,
- Hinweise auf weiterführende Literatur,
- die Übersetzung einer Textstelle, die in der Originalsprache zitiert wurde,
- Informationen, die zwar nicht direkt zum Thema gehören, aber für die Leserinnen und Leser nützlich sein können.

Wer imponieren möchte, sollte dies durch eine präzise Argumentation tun. Eine Vielzahl von Anmerkungen demonstriert häufig nicht »Wissenschaftlichkeit«, sondern die Unfähigkeit, sich auf das Wesentliche zu konzentrieren.

- **Schluss**

Eine Einleitung soll zum Lesen einladen. Der Schluss soll die Arbeit abrunden. Für diesen Zweck gibt es keine verbindliche Form. Sie können eine nüchterne Zusammenfassung schreiben. Sie können die Zusammenfassung um eine Bewertung der Ergebnisse oder einen Ausblick ergänzen. Es kann sinnvoll sein,

- die eingangs aufgeworfene(n) Frage(n) zusammenfassend zu beantworten,

- auf ungeklärte Probleme zu verweisen,
- das behandelte Problem thesenartig in einen größeren Zusammenhang einzuordnen,
- persönliche Schlussfolgerungen zu ziehen.

Der Schluss ist nicht der Ort für wilde Spekuationen, sondern der Teil einer Arbeit, dem Sie besondere Aufmerksamkeit schenken sollten. Zwar kann der Schluss Schwächen im Hauptteil nicht ausbügeln. Aber was zuletzt gelesen wird, prägt sich meist nachhaltig ein. Lax formuliert: Bringen Sie das Gute nicht zuletzt, aber zuletzt immer etwas Gutes.

- **Literaturverzeichnis**

Ein Literaturverzeichnis enthält die Literatur, die in einer Arbeit erwähnt wurde. Nicht mehr und nicht weniger. Nicht weniger: Im Literaturverzeichnis werden alle Veröffentlichungen aufgeführt, aus denen wörtlich oder sinngemäß zitiert wurde und auf die verwiesen wurde. Nicht mehr: Schummeln Sie nicht. Führen Sie nur die Quellen an, die Sie für Ihre Arbeit herangezogen haben.

Die Anlage eines Literaturverzeichnisses folgt bestimmten Konventionen. Ein Muster ist das Literaturverzeichnis in diesem Buch. Sofern in Ihrem Fach keine anderen Regeln gelten, können Sie sich daran orientieren. In meinem Literaturverzeichnis habe ich mich auf die Angaben beschränkt, die notwendig sind, um ein Buch problemlos in der Bibliothek zu ermitteln. Und ich bin nicht der Unsitte gefolgt, Vornamen abzukürzen. Wenn Sie Wert auf eine vollständige Titelangabe legen, können Sie den Verlag aufführen und, wenn eine Veröffentlichung in einer Reihe erscheint, den Namen und die Bandnummer der Reihe. Ein Beispiel:

Kaufmann, Jean-Claude: Frauenkörper – Männerblicke. Konstanz: Universitätsverlag 1996 (= Edition discours. 8)

Da in meinem Literaturverzeichnis Hochschulschriften, unveröffentlichte Manuskripte und Zeitungsbeiträge fehlen, sind einige Beispiele nachzutragen:

- Diplomarbeiten und Dissertationen oder Habilitationen:
  Fürst, Birgit: Frauen im Journalismus. Eine Befragung von Absolventinnen der Deutschen Journalistenschule. Diplomarbeit, Universität München 1987
  Prim, Rolf: Planspiel und Partizipationstraining. Eine vergleichende Studie zur Didaktik und Methodik außerschulischer Jugendbildungsarbeit. Universität Regensburg, Philos. Fak., Diss. 1975
- Unveröffentlichte Manuskripte:
  Stiegler, Barbara: Zur Zukunft der Hausarbeit. Friedrich-Ebert-Stiftung. Bonn 1993 (unveröfftl. Manuskript)
- Veröffentlichungen ohne Angabe eines Autors oder einer Autorin:
  Senatsverwaltung für Jugend und Familie (Hrsg.): Gewalt gegen Schwule – Gewalt gegen Lesben. Ursachenforschung und Handlungsperspektiven im internationalen Vergleich. Berlin 1992
- Zeitungsartikel:
  Ludermann, Bernd: Wem hilft die Hungerhilfe? Frankfurter Rundschau vom 18.4.2000, S. 10

Bei Veröffentlichungen von mehr als drei Personen wird nur die oder der zuerst im Titel genannte Autorin oder Herausgeber angegeben und um den Zusatz »und andere« ergänzt:

Funke, Axel u.a.: Karrieren außer der Reihe. Bildungswege und Berufserfolg von Stipendiaten der gewerkschaftlichen Studienförderung. Köln 1986

Ist der Verlagsort in einer Veröffentlichung nicht angegeben, wird dies durch »o. O.« (= ohne Ort) ausgewiesen. Wenn Sie den Verlagsort kennen, fügen Sie ihn in Klammern hinzu. Schreiben Sie »o. J.« (ohne Jahr), wenn das Erscheinungsjahr im Impressum fehlt. Ergänzen Sie in Klammern das Erscheinungsjahr, wenn Sie (ungefähr) wissen, wann der Text erstmals veröffentlicht wurde: (1997) oder (um 1997).

- **Anhang**

Daten, Fakten, Zahlen, Tabellen und andere Materialien, die für das Verständnis eines Textes notwendig sind bzw. Ihre Aussagen belegen, können in einem Anhang untergebracht werden. Diese Möglichkeit sollten Sie nutzen, wenn die Daten, Fakten usw. so umfangreich sind, dass sie die Lektüre des Hauptteils erschweren würden. Die Entscheidung für eine solche Auslagerung ist aber nur dann sinnvoll, wenn sie das Lesen auch tatsächlich erleichtert. Müssen die Leserinnen und Leser häufig im Anhang blättern, ist das keine Erleichterung. Fassen Sie deshalb die Daten, Fakten usw., die im Anhang stehen, im laufenden Text so zusammen, dass die Leserinnen und Leser nur gelegentlich im Anhang nachschlagen müssen.

- **Ich, wir oder man?**

Sie können und sollen in einer Hausarbeit Fragen formulieren und Schwerpunkte setzen, Sie können und sollen meinen, feststellen, schlussfolgern usw. Wenn *Sie* das tun, können Sie *ich* schreiben: »Ich gehe der Frage nach, . . . »Deshalb konzentriere ich mich auf . . .«
Umberto Eco plädiert für *wir* statt *ich*, für den Pluralis Majestatis, den Kaiser Wilhelm benutzte, wenn er von sich sprach: »Man sagt ›wir‹, weil man davon ausgeht, daß eine Feststellung von den Lesern geteilt werden kann.« (S. 195) Diese Aussage
- finden *wir* lustig,
- *ist* lustig,
- finde *ich* lustig,
- findet *der Autor* lustig.

Wie denn nun? Eco geht davon aus, dass *wir* angemessen ist – und schreibt: »*Man* sagt wir«. Ich teile diese Feststellung nicht. Und vielleicht finden Sie diesen Widerspruch nicht lustig. Dann finde nur *ich* ihn lustig und nicht *wir*. Dann *ist* er auch nicht lustig, sondern wird nur von mir so aufgenommen. Schreibe ich »*Der Autor* findet das lustig«, rätseln Sie, ob ich mich oder Eco meine.

Ich finde die Formulierungen *wir* und *der Autor* aufgeblasen. *Ich finde* signalisiert eine subjektive Wertung. Deshalb halte ich diese Formulierung für angemessen. Wenn ein Subjekt wertet, schlussfolgert oder berichtet, dann ist meines Erachtens *ich* angemessen.

Ich empfehle, die Entscheidung für ich, wir oder man vom Gegenstand abhängig zu machen, um den es in einer Hausarbeit geht (und die Konvention Ihres Fachs zu beachten): Ich meine/denke usw.,

- dass im Juni 1998 über vier Millionen Menschen arbeitslos gemeldet waren,
- dass Rad fahren die Umwelt weniger belastet als Auto fahren,

sind unangemessene Formulierungen. Es gibt Tatsachen, Erkenntnisse, Verallgemeinerungen, die unabhängig von meinem Denken und Meinen sind.

Wenn Sie den Ansatz von X und die konträren Auffassungen der Wissenschaftlerin Y gegenübergestellt haben, und ein Fazit ziehen wollen, spricht nichts gegen die Formulierung: »Drei Gründe sprechen *meines Erachtens* dagegen, die hohe Arbeitslosigkeit als notwendige Folge der Globalisierung zu begreifen: Erstens . . .«

Wenn Ihnen nicht gefällt, *ich* zu verwenden (oder es in Ihrem Fach verpönt ist), schreiben Sie: »Drei Gründe sprechen gegen die Auffassung, die hohe Arbeitslosigkeit sei eine notwendige Folge der Globalisierung: Erstens: . . .« Oder: »Im Mittelpunkt dieser Hausarbeit steht . . .«

Es kommt nicht darauf an, möglichst oft oder nie ich zu schreiben, sondern Ihren Gedanken eine angemessene sprachlich Form zu geben.

Zusammenfassung:

Kompliziert ist nicht »klug« und unverständlich nicht »anspruchsvoll«. Sorgen Sie für eine klare äußere und innere Struktur Ihrer Hausarbeiten, für eine überschaubare Gliederung und einen erkennbaren roten Faden. Wenn Sie über komplizierte Zusammenhänge schreiben, erläutern Sie diese Zusammenhänge präzise und verständlich. Von einem »Psychiater, der über Geisteskranke schreibt«, erwarten wir auch, dass er sich nicht »wie ein Geisteskranker« ausdrückt (Eco, S. 189).

! **Buch-Tipp:**

Norbert Franck: Fit fürs Studium. Erfolgreich reden, lesen, schreiben. 3. Aufl. München: Deutscher Taschenbuch Verlag 1999 (= dtv 33009).

2. Das Thesenpapier

> »Die predigen leere Worte, die da sagen, sobald das Geld in den Kasten geworfen, klingt, fahre die Seele aus dem Fegefeuer! Wer den Armen gibt oder den Bedürftigen leiht, tut besser, als wenn er Ablaß kauft. Gesegnet sei, wer der Frechheit der Ablaßprediger Einhalt tut.«

> »Die Philosophen haben die Welt nur verschieden interpretiert; es kommt aber darauf an, sie zu verändern.«

Zwei Thesen. Die erste ist eine der 95 Thesen, die Martin Luther im Oktober 1517 an die Pforte der Schlosskirche in Wittenberg schlug. Die zweite These schrieb Karl Marx im Frühjahr 1845; es ist die letzte der elf »Thesen über Feuerbach«.
Eine These ist eine Behauptung, die

- bewiesen werden *muss* und
- bewiesen oder widerlegt werden *kann.*

Sätze wie »auf den Herbst folgt der Winter« oder »Paris ist die Hauptstadt Frankreichs« sind keine Thesen, sondern stellen Tatsachen fest (und müssen nicht mehr bewiesen werden). Der Satz »Gott sieht alles« ist auch keine These, da er weder bewiesen noch widerlegt werden kann; man kann diese Aussage glauben oder nicht.

Thesen
- bringen Meinungen zum Ausdruck, sie informieren nicht, sondern beurteilen, nehmen Stellung zu einer Frage oder einem Problem,
- sollen zur Diskussion anregen,
- sind »unselbständig« in dem Sinn, dass sie erläutert werden müssen.

Was ist bei einem Thesenpapier noch zu beachten? Thesen sollten kurz und prägnant sein. Damit sie tatsächlich zur Diskussion anregen, kann es nützlich sein, provokative Formulierungen zu wählen. Ein Thesenpapier sollte sich auf ein überschaubares Thema beziehen und sich auf wenige Thesen konzentrieren, um eine oberflächliche Diskussion zu vermeiden. Als Orientierung empfehle ich: Schreiben Sie kein Thesenpapier, das länger als zwei Seiten ist.

Ein Thesenpapier enthält zunächst folgende Grundinformationen:
- Rahmen (»Grundkurs Politik« usw.),
- Datum,
- Name der Verfasserin, des Verfassers,
- Titel (»Thesen zu . . .« oder »Computer in der Schule – Thesen«).

Der »Bauplan« eines Thesenpapiers kann unterschiedlich ausfallen. Wichtig ist in jedem Falle:
- Eine These sollte sich stets nur auf einen Themen- bzw. Problemaspekt beziehen.
- Ein Thesenpapier sollte einen inneren Zusammenhang erkennen lassen, die Thesen sollten in einer logischen Folge entwickelt werden.

In einfach strukturierten Thesenpapieren folgt These auf These: These 1 – These 2 – These 3 usw. Anspruchsvoller sind folgende »Baupläne«:

- Jeder These folgt eine (kurze) Begründung oder ein (knapper) Kommentar:

These 1
Begründung (Kommentar)
These 2
Begründung (Kommentar)
usw.

Ein Beispiel:

These

Tierversuche sind unmoralisch und überflüssig.

Begründung

Tiere haben als Lebewesen einen Anspruch auf Leben. Sie sind keine »Wegwerfartikel«, die man nach Belieben in Versuchen quälen darf. Tierversuche sind überflüssig, da sie zum einen in großem Umfang für *nicht*medizinische Zwecke vorgenommen werden. Zum anderen sind die Ergebnisse, die im medizinisch-pharmazeutischen Bereich gewonnen werden, meist nicht auf den Menschen übertragbar.

Begründungen sind, wie aus dem Beispiel deutlich wird, noch keine erschöpfenden Beweise, sondern Hinweise, welche Überlegungen der These zugrunde liegen.

- Jeder These wird zudem noch eine Schlussfolgerung angefügt:

These 1
Begründung (Kommentar)
Schlussfolgerung

These 2
Begründung (Kommentar)
Schlussfolgerung
usw.

Schlussfolgerung
Alle Tierversuche sind zu verbieten.

- Jeder These wird eine Antithese gegenübergestellt:

These 1
Antithese

These 2
Antithese
usw.

Antithese
Tierversuche sind unverzichtbar.

- Auf jede These folgt eine Antithese und eine Synthese

These 1
Antithese
Synthese

These 2
Antithese
Synthese
usw.

Synthese
Tierversuche sind auf den medizinisch-pharmazeutischen Bereich zu beschränken und strengen Vorschriften zu unterwerfen, um ein Quälen der Tiere soweit wie möglich einzuschränken.

Diese Baupläne können auch kombiniert werden, ein Beispiel:
These 1
Begründung
Antithese 1

Begründung
Synthese 1
Begründung

These 2
Begründung
Antithese 2
Begründung
Synthese 2
usw.

Übung 2

Formulieren Sie zwei weitere Thesen über Tierversuche.

These

____

____

These

____

____

Meinen Kommentar finden Sie am Ende des Kapitels.

Zusammenfassung:
Eine These ist eine Behauptung, die bewiesen werden muss und belegt oder widerlegt werden kann. Ein Thesenpapier ist eine Stellungnahme, die zur Diskussion anregen soll. Damit ein Thesenpapier diese Funktion erfüllt, sollte es kurz, prägnant und schlüssig sein.

3. Musterlösungen

Übung 1

»Trotz intensiver Forschungsarbeit zum Thema ›Polentum in Berlin/ Preußen unter besonderer Berücksichtigung der Schul- und Bildungssituation‹ erwies sich das vorliegende Material für die einzelnen Fragestellungen unterschiedlich gehaltvoll. Während für den großen polnischen Schulstreik von 1906/07 die Quellenlage als relativ gut bezeichnet werden kann, bereitet die Aufarbeitung der Schulsituation der polnischen Kinder/Jugendlichen in Berlin vom Ende des 19. Jahrhunderts bis einschließlich 1945 zum Teil erhebliche Schwierigkeiten. Dieser Sachverhalt erklärt sich daraus, daß die härtesten und erbittertsten schul- und bildungspolitischen Kämpfe der polnischen Minderheit zweifellos zunächst in den Teilungsgebieten und nach 1918 in den Grenzgebieten ausgefochten wurden; mit Abstand erfolgten sodann die Auseinandersetzungen im Ruhrgebiet. In der Großstadt Berlin traten demgegenüber die Assimilierungstendenzen deutlich schneller ein, mit der Folge, daß die schulpolitischen Konflikte mit sehr viel geringerem Engagement wahrgenommen/ausgefochten wurden. (. . .)
Für die Beschulung polnischer Kinder/Jugendlicher in allgemeinbildenden Schulen konnte bisher kein beziehungsweise nur sehr andeutungsweise Material ausfindig gemacht werden. Ein partieller Zugang wäre unter Umständen durch ein indirektes Vorgehen denkbar, so etwa über eine Analyse der gültigen Lehrpläne besonders in den Fächern Deutsch, Geschichte, Geographie und Gesangsunterricht. Die Diskriminierung/Ausgrenzung von Schülern polnischer Nationalität könnte hier inhaltlich demonstriert werden.«

Diese Einleitung ist ein anschauliches Beispiel dafür, wie mit langen, geschwätzigen Sätzen, mit Phrasen und Sprachnebel versucht wird, Schwächen zu kaschieren und Eindruck zu machen. Dabei kommt die Autorin mit der Logik in Konflikt. Sie schreibt im ersten Satz: »Trotz intensiver Forschungsarbeit . . . erwies sich das vorliegende Material für die einzelnen Fragestellungen unterschiedlich gehaltvoll.« *Trotz* ist Quatsch. Egal, ob ich intensiv forsche oder nicht: Die Zahl und die Aussagekraft der Quellen bleibt davon unberührt.

Und so geht es weiter:

- Über die Situation polnischer Kinder in den allgemeinbildenden Schulen »konnte bisher kein beziehungsweise nur sehr andeutungsweise Material ausfindig gemacht werden«. Die Autorin kann sich nicht entscheiden und lässt uns rätseln, wie das geht, *andeutungsweise* Material ausfindig zu machen.
- »Ein partieller Zugang wäre unter Umständen durch ein indirektes Vorgehen denkbar.« *Wäre unter Umständen denkbar* ist schon fast komisch: Ist der Zugang denkbar? Oder ist er nur *unter Umständen* denkbar? Ist der Zugang vielleicht auch *machbar*? Oder hat sich die Autorin diese Mühe – vielleicht irgendwie – nicht gemacht?
- »Die Diskriminierung/Ausgrenzung von Schülern polnischer Nationalität könnte hier inhaltlich demonstriert werden.« Kann sie belegt, nachgewiesen, gezeigt werden oder nicht? Der Konjunktiv lässt uns rätseln und *inhaltlich demonstriert* ist Schaumschlägerei. Wer ein Argument oder eine These belegen kann, wer etwas nachweisen kann, hat etwas geleistet und braucht keine Blähwörter wie *inhaltlich demonstriert*.

Mein Vorschlag:

Ich stand bei meiner Arbeit vor einem großen Problem: Es liegen nur wenige Quellen über die Schul- und Bildungssituation von Polen in Berlin vor. Während der große polnische Schulstreik von 1906/07 relativ gut dokumentiert ist, gilt dies nicht für die Schulsituation polnischer Kinder und Jugendlicher in Berlin vom Ende des 19. Jahrhunderts bis einschließlich 1945.
Die Ursache hierfür liegt in der unterschiedlichen regionalen Entwicklung: In den Teilungsgebieten (und nach 1918 in den Grenzgebieten) führte die polnischen Minderheit harte und erbitterte schul- und bildungspolitische Kämpfe. An zweiter Stelle sind die Auseinandersetzungen im Ruhrgebiet zu nennen. In der Großstadt Berlin assimilierten sich die Polen schneller als in den genannten Gebieten. Schulpolitische Konflikte wurden hier viel weniger engagiert ausgefochten bzw. wahrgenommen. Daher gibt es auch viel weniger Aufzeichnungen (von Polizei, Schulbehörden und anderen staatlichen Stellen) über Konflikte.

Über die Situation polnischer Schülerinnen und Schüler in den allgemeinbildenden Schulen Berlins konnte bisher nur sehr wenig Material ausfindig gemacht werden. So lange dies so ist, kann vielleicht ein indirekter Zugang mehr Aufschluss über den Schulalltag polnischer Kinder geben: die Analyse der Lehrpläne – besonders in den Fächern Deutsch, Geschichte, Geographie und Gesangsunterricht. Ich nenne gerade diese Fächer, weil ich vermute, dass in ihnen die polnische Nationalität am stärksten unterdrückt wurde. Ich habe diesen indirekten Zugang nicht versucht.

Meine Version ist verständlich und frei von akademischer Prosa. Da ich den Text nur sprachlich verbessert habe, ist auch diese Version keine gelungene Einleitung.

Übung 2

Thesen bringen die eigene Meinung zum Ausdruck. Deshalb gibt es zu dieser Übung keine Musterlösung. Bitte prüfen Sie, ob Sie Ihre Thesen mit Argumenten belegen können.

VIII. Auf einen Blick: Zusammenfassungen und Buch-Tipps

1. Zusammenfassungen

Kapitel 2: Wörter

- Verben, Verben, nochmals Verben!
- Verwenden Sie Adjektive sparsam: nicht mehr als zwei (passende) Adjektive in einem Satz.
- Schreiben Sie gemäßigt Deutsch, vermeiden Sie Silbenschleppzüge.
- Vorsicht bei der Verwendung von Bildern und Synonymen.

Kapitel 3: Sätze

- Jeder Satz sollte verständlich und der gesamte Text flüssig zu lesen sein. Packen Sie deshalb nicht zu viel in den Hauptsatz, und fallen Sie nicht in einen Hackstil. Wechseln Sie zwischen mäßig kurzen und mäßig langen Sätzen.
- Die Hauptaussage gehört in den Hauptsatz und das Wichtigste an den Anfang eines Satzes. Vermeiden Sie Schachtelsätze (und Bandwurmsätze).
- Im Aktiv schreiben, Verneinungen vermeiden.
- Es gibt kein Patentrezept, sondern nur Anhaltspunkte für gutes Schreiben.

Kapitel 4: Meldung, Bericht, Pressemitteilung, Kommentar, Leserbrief

- In Meldungen, Berichten und Pressemitteilungen sollten alle W-Fragen beantwortet werden. Am Anfang steht das Wichtigste. Dann folgen nähere Erläuterungen und schließlich weitere Einzelheiten.
- Bei Meinungsbeiträgen vom Ziel her denken und auf das Ziel hin strukturiert argumentieren.

- Texte brauchen einen Leseanreiz. Den erreichen Sie mit einer pfiffigen Überschrift.
- Der erste Eindruck ist wichtig. Achten Sie deshalb darauf, dass die äußere Form stimmt.

Kapitel 5: Protokoll und Bericht
- Protokolle sind nicht der Ort für Prosa. In Protokollen wird das Wesentliche exakt, verständlich und klar gegliedert wiedergegeben.
- Berichte sollen so umfassend wie nötig und so kurz wie möglich informieren; sie sollen sachlich, verständlich und übersichtlich gegliedert sein.

Kapitel 6: Briefe
- Ein guter Brief kommt freundlich direkt zur Sache. Er enthält keine vorgestanzten Formulierungen oder Belehrungen.
- Moderne Korrespondenz heißt:
  - in der Anrede und im Gruß, im Betreff und im PS ist Leben;
  - Frauen werden nicht »mitgemeint«, sondern angesprochen;
  - die Form stimmt.
- Faxe und E-Mails müssen die gleichen Anforderungen wie Briefe erfüllen.

Kapitel 7: Hausarbeit und Thesenpapier
- Kompliziert ist nicht »klug« und unverständlich nicht »anspruchsvoll«. Sorgen Sie für eine klare äußere und innere Struktur Ihrer Hausarbeiten, für eine überschaubare Gliederung und einen erkennbaren roten Faden. Wenn Sie über komplizierte Zusammenhänge schreiben, erläutern Sie diese Zusammenhänge präzise und verständlich. Von einem »Psychiater, der über Geisteskranke schreibt«, erwarten wir auch, dass er sich nicht »wie ein Geisteskranker« ausdrückt (Eco, S. 189).
- Eine These ist eine Behauptung, die bewiesen werden muss und belegt oder widerlegt werden kann. Ein Thesenpapier ist eine

Stellungnahme, die zur Diskussion anregen soll. Damit ein Thesenpapier diese Funktion erfüllt, sollte es kurz, prägnant und schlüssig sein.

2. Buch-Tipps

Kapitel 2

- Duden. Band 2: Das Stilwörterbuch
- Duden. Band 5: Das Fremdwörterbuch
- Duden. Band 8: Die sinn- und sachverwandten Wörter.
- Duden. Band 10: Das Bedeutungswörterbuch

Kapitel 3

Duden. Band 4: Die Grammatik

Kapitel 4

- Norbert Franck: Presse- und Öffentlichkeitsarbeit. Ein Ratgeber für Vereine, Verbände und Initiativen. Köln: Bund-Verlag 1996.
- Christiane Tillner, Norbert Franck: Selbstsicher reden. München: Goldmann Verlag 2000 (= Goldmann TB 16262).
- Duden. Band 1: Die deutsche Rechtschreibung (Korrekturvorschriften).

Kapitel 5

Georg Rückriem, Joachim Stary, Norbert Franck: Die Technik wissenschaftlichen Arbeitens. 10. Aufl. Paderborn 1997 (= UTB 724).

Kapitel 6

Norbert Franck: Erfolgreich schreiben. Von Angebot bis Zwischenbescheid: Mit guten Texten Eindruck machen. Reinbek: Rowohlt Taschenbuch Verlag 2000 (= rororo 60868).

Kapitel 7

Norbert Franck: Fit fürs Studium. Erfolgreich reden, lesen schreiben. 3. Aufl. München: Deutscher Taschenbuch Verlag 1999 (= dtv 33009).

Stichwortverzeichnis

Abkürzungen 118
Adjektivitis 28
Aktiv 70 f.
Argumentationsstrukturen 108 ff.
Aufzählung 66

Bericht 87–103
– Ergebnisbericht 100
– Handlungsbericht 100
– Vorbericht 96 f.
– Zitatenbericht 101
Bewerbung 148
Bilder 40 ff.
Bildermischung 42 f.
Briefe 147–169
– Anfang 150 ff.
– Anrede 158
– Betreff 159
– Briefsteller 147
– Gestaltung 161 ff.
– Gruß 158
– Musterbriefe 147 f.
– Privatbrief 148
– PS 159

Deutschtümelei 34

Einstieg 112 f.
– Aufmerksamkeitswecker 112
– Frage-Einstieg 112
– Was-Nun-Einstieg 112
E-Mail 164 f.

Facharbeit
siehe Hausarbeit
Fax 164 f.
Floskeln 147, 158

Geschäftsbericht
siehe Sachbericht
Glosse 108

Hausarbeit 174–193
– Anhang 191
– Anmerkungen 187 f.
– eigene Meinung 187
– Einleitung 178 f.
– Gliederung 175 f.
– Hauptteil 180 ff.
– ich, man, wir 191
– Inhaltsverzeichnis 175
– Kapitelstrukturen 181 f.
– Literaturverzeichnis 189 f.
– Schluss 188 f.
– Schreibhürden 172
– Tabellenverzeichnis 178
– Titel 174
– Titelblatt 174
– Vorwort 180

– »Wie-fange-ich-an«-
Problem 173
– Zitate, zitieren 182 ff.
Hochdeutsch 78

Jahresbericht
siehe Sachbericht

Kanzleideutsch 18, 147
Klischee 45
Kommentar 108
Korrekturzeichen 118

Leitartikel 108
Leserbrief 108

Manuskript-Gestaltung 116 f.
Meinungsbeiträge 108 f.
Meldung 87
Metaphern 41 f.

Nachrichten 87 ff.
– Aufbau 92 f.
– Auswahl 89
– Wert 88 f.
Neudeutsch 36
Nominalstil 18

Passiv 70
Phrasen 27, 121
Pressemitteilung 103 ff.
Protokoll 123–134
– Diskussionsprotokoll 128 f.
– Ergebnisprotokoll 125 f.
– Kurzprotokoll 130 f.
– Struktur und Funktion
123 f.
– Stil und Gestaltung 131 f.
– wissenschaftliches 123
Publikumsinteresse 89 f.

Rechenschaftsbericht
siehe Sachbericht
Reportage 87

Sachbericht 134–140
– Chronologie 135
– Dokumentation 136
– Ergebnisse 135
– Situationsanalyse 135
Satz, Satzbau 53–85
– Bandwurmsätze 60
– Hauptsatzreihungen 54
– Nebensätze 59 f.
– Satzlänge 54 f.
– Satzmonster 53
– Schachtelsätze 58 ff.
Schwulst 26 ff.
Seminararbeit
siehe Hausarbeit
Steigerung
siehe Superlativ
Stilwechsel, Stilmischung 79 f.
Substantivierungen 18 ff.
Superlativ 29 f.

Tautologien 26
Thesen, Thesenpapier 193–197

Überschrift 113 ff.
– Dachzeile 114
– Unterzeile 114
Umgangssprache 77 ff.

Veranstaltungs-Ankündigung 96 f.
Verneblungsdeutsch 27, 198
Verneinung 71 ff.

W-Fragen 88, 105, 115
Wörter 17–51
– Adjektiv 25 ff.
– Adverb 32
– Attribut 26, 31 f.
– Fremdwörter 34 ff.
– Flickwörter 78 f.
– Füllwörter 78 f.
– Funktionsverben 21
– Luftwörter 23
– Modewörter 36 f.
– Pronomen 44
– Silbenschleppzüge 37 f.
– Spreizverben 24
– Substantive 20 f.
– Synonyme 43 f.
– Verben 17 ff.
– Wortblähungen 21, 38

Zwischenüberschrift 115